나에겐
가까운

바다가
있다

나에겐
가까운
바다가 있다

이상협 에세이

이른비

들어가며 혼자서도
 잘 있는 사람

어릴 적부터 혼자가 편했다. 골목의 아이들과 편을 갈라 축구를 할 때보다 방바닥에 엎드려 그림을 그리고 노는 게 좋았다. 사람들과 어울리는 시간도 즐기지만 사람 많은 곳에 오래 있거나 혼자 있는 시간이 모자랄 때면 피로감을 느낀다. 혼자여서 좋았던 점은 나를 잘 알게 되었다는 것이다. 자신에게 말을 걸고 대답을 듣는 일은 고독 속에서 가능하며, 나를 듣고 읽는 시간은 중요하다. 대부분의 불행은 자신과의 불화에서 시작되니까. 타인의 욕망을 나의 욕망으로 착각하며 살던 때도 있었지만, 이제 무엇을 좋아하고 싫어하는지 정확히 아는 사람이 되었다. 홀로 있는 건 또 다른 나를 꺼내는 일이다. 방송을 하는 나와, 글을 쓰는 나와, 악기를 연주하는 나는 사뭇 다른 존재라는 생각이 든다. 분화된 '나'는 새로운 스위치를 켜고 작동한다. 설레는 순간이다. 내 안에는 몇 종류의 내가 살고 있고 나는 지금까지 그들과 잘 지내고 있다.

혼자를 겁내는 이유는 무의식 속의 불안 때문이다. 사회적인 존재인 우리는 무리 속에 있어야 안정감을 느끼지만 때로는 무리 밖을 나와 혼자의 시간에 조금 더 적극적이어도 좋겠다. 니체는 『서광』에서 아무도 고독을 견디는 법을 배우지 않고, 가르치지 않는다고 우려했다. 그의 말처럼 아무도 혼자 있는 방법에 대해 알려준 바 없지만 사실 우리는 '혼자'를 동경하는지도 모르겠다. 자연 속에 묻혀 살아가는 사람들 이야기를 다룬 TV 프로그램이 인기를 모았는데, 우리가 거기에서 읽는 것은 주인공의 고독이다. 잠시나마 "불편한 인간관계 속에서 그만 부대끼고 산에 가서 혼자 살면 좋겠어"라는 욕망을 대리만족하는 것이 아닐까

나름 혼자의 전문가라 자칭하며 혼자 보내는 시간을 잘 꾸리며 살아왔다. 별나다 싶은 방식으로 혼자를 즐기며 지내왔지만 팬데믹 동안 대부분의 지구인들이 그랬듯 나 역시 어려움을 겪었다. 자의적 혼자와 타의적 혼자는 느낌부터 달랐다. 팬데믹을 통과하면서 먼 여행이 자주 그리웠다. 서촌을 산책하거나, 인적 드문 종묘나 경복궁에 오래 앉아 있거나, 남산순환도로를

하염없이 걷기도 했다. 이것으로도 여행의 욕구가 해결되지 않을 때 자주 간 곳은 공항이었다. 유령도시처럼 변해버린 인천공항에 도착해 활주로가 보이는 통유리 앞에 앉아 화물 운송기가 나는 모습을 바라보며 마음을 다독이기도 했다. 가장 멀리 떠날 수 있는 하늘길이 막혀버렸지만, 공항 옆에는 바다가 있었다. 푸른 물빛도 아닌, 특별할 것 없는 바다였지만 그곳에 들러 마음을 풀고 돌아오기도 했다. 바다는 공항 옆에 있었다.

가끔, 가까운 바다로 나를 데려가 나와 화해하고 자신을 타이르다 돌아오는 시간이 필요하다. 바다란 꼭 장소로서의 바다가 아닐 수도 있겠다. 그것은 가성비 좋은 브런치 가게이거나, 새로 발견한 유튜브 채널이거나 혹은, 올봄 가장 먼저 핀 벚꽃을 관찰하는 일일 수도 있다. 생활에서의 작은 발견이 우리를 반짝이게 한다. 오래전 거창하게 써둔 긴 서문을 휴지통에 버리고 백지처럼 생각한다. 내가 진짜 하고 싶은 이야기는 무엇이었는지, 과장은 없었는지, 과거의 나를 지금의 관점으로 갱신해 덧칠하고 꾸미고 있는 건 아닌지 그런 걸 곰곰이 생각하기에는 바다가 좋겠다. 옛날의 내가 묻는다. 지금 뭐하고 지내느냐고. 지금의 나는 답한다. 잘 사는 건 모르겠고 뭐, 혼자서도 잘 '있는' 사람은 되었다고.

2023년 4월
이상협

차례

들어가며 ——
혼자서도 잘 있는 사람 ○ 5

1

불확정성의 여행

소소한 계획 ○ 15
꽃의 나날 ○ 19
불확정성의 여행 上 ○ 24
불확정성의 여행 下 ○ 28
가방 꾸리기 ○ 35
호텔 19호실 ○ 38
핀란디아 ○ 42
스탄 ○ 46
눈을 감으면 ○ 54
소리를 모으는 사람 ○ 62
카메라와 나 ○ 66
여행의 눈 ○ 72
가장 가까운 바다 ○ 75

손가락으로 세계 여행 ○ 83
슬로우 TV ○ 86
지도 만들기 지도 ○ 92
여행 라디오 ○ 98
트럭 드라이버 ○ 102
국적이나 바꿔볼까 ○ 107

2

여행, 밀어서 잠금 해제

프리퀄　○117	**3**
공항 가는 길　○120	
공항을 좋아한 나머지　○127	
눈으로 타는 비행기　○132	
여행 기분　○136	
여행용 음악　○141	
이런, 저녁 비행기　○144	**에어플레인 모드**
부산 24시　○149	

4	서랍 기억　○159
	옛 동네 한 바퀴만 걷다 올게요　○162
	즐거운 나의 장례식　○168
	옛날 TV　○172
	반복해서 반복하면　○176
	노래가 오는 시간　○182
서랍 기억	기타 둥둥　○192
	믹스 테이프　○197
	추천과 음악　○206
	내가 태어난 날의 신문　○209

주전자전酒傳子傳 ○ 217

혼술리안 上 — 사실은 진정제 ○ 220

혼술리안 中 — 걸음은 라이온스 덴으로 ○ 225

혼술리안 下 — 돌아온 압생트 ○ 234

시간의 칸막이 ○ 241

시장에 가면 ○ 245

길티 플레저 ○ 249

소심한 복수는 나의 것 ○ 252

안 하는 편이 좋겠습니다 ○ 258

5 보헤미안의 혼술리안

6 쓸데없이 쓸모 있는

구름의 이름 ○ 267

물생활의 발견 ○ 276

부캐 만들기 ○ 280

사고 나면 사고事故가 될까요? ○ 287

축소유縮所有 上 — 물건 팔아 한 달 살기 ○ 294

축소유縮所有 下 — 버릴 수 없는 이유 ○ 297

뮤지엄 나이트 ○ 302

당신의 밤과 음악 ○ 306

나가며 ──
나를 나와 놀게 하자 ○ 313

불확정성의 여행

1

소소한
계획

 8월을 기다린다. 정확히는 8월의 마지막 일주일이다. 하루에 몇 번쯤 가을 냄새가 날 때, 아침저녁 가을이 조수潮水처럼 드나드는 여름의 끝자락에서 EBS 국제다큐영화제EIDF가 시작된다. 이 기간에는 하루 이틀 휴가를 내고 종일 다큐멘터리만 본다. 9월에는 추석을 기다린다. 인파가 빠져나간 서울 거리를 느긋하게 산책한다. 10월 중순에는 난지도 억새축제에 놀러 가 바람의 모양을 바라본다. 국제건축영화제SIAFF는 10월 말에 있다. 건축과 건축가들의 이야기로 한때의 꿈을 달랜다. 11월에는 건강 검진을 받는다. 다음 1년 마음 편히 술을 마시기 위해. 12월과 1월에는 대설주의보를 기다리거나 더 추운 곳을 생각한다. 눈이 많은 곳으로 가는 비행기표를 검색한다. 2월 한 달은 술을 마시지 않는다. 간 회복의 달이다. 약속이 많은 춘삼월에 술을 건강하게 자주 마시기 위해서다.

여의서로* 국회의사당 북문 앞 표준 관측목에 벚꽃 세 송이 피면 나는 봄을 시작한다. 여의도, 남산, 삼청공원 돌림차례로 피는 서울의 벚꽃을 따라 봄노래 리스트를 만들어 들으며 어슬렁댄다. 매해 벚꽃 만개일을 다이어리에 적어 두고 싶지만 나는 한결같이 게으르다.

'창덕궁 달빛기행' 같은 고궁 축제와 계절의 이벤트들을, 짧은 여행 계획들을 다이어리에 적어 두고 기다린다. 힘들 때마다 다이어리에 적힌 계획들을 보며 버틴다. 몇십 년 만에 온다는 일식이나 페르세우스 유성우를 기다린다. 친애하는 기타리스트 팻 메스니Pat Metheny의 신보를 기다린다. 영화 「비포 선라이즈Before Sunrise」에서 셀린느와 제시가 다시 만난 날인 6월 16일을 기다려 기념한다.

기다릴 일이 없을 땐 20년간 700만 원씩을 준다는 연금복권을 사거나, 인터넷 쇼핑몰 알리익스프레스aliExpress에서 만

---

* 일본식 말인 '윤중로輪中路'로 잘 알려져 있다.

아주 작은 희망도 좋다.
일 년의 나날들에 꽃씨처럼 심어둔 기대들이
돌림차례로 피어나기를 기다린다.

원 미만의 물건을 주문한다. 배송기간이 길어 잊을 때쯤 뜻밖의 선물처럼 도착한다. 친구들과 '월차 데이'를 정해 강화도에 가거나 번개로 만나 광화문에서 마을버스 09번을 타고 수성동 계곡에 간다.

 기대하는 삶은 살 만하다. 기대할 것도, 기다릴 것도 없는 생활은 먹먹하고 막막하다. 나아가는 맛이 없다. 복권 구매가 일주일 치의 희망을 사는 일이듯 다이어리에 일 년 치의 이벤트를 적는 일도 마찬가지다. 막연한 삶에서 구체적으로 붙들 손잡이가 필요하다. '가정의 달', '호국 보훈의 달'처럼 나만의 의미를 담은 기념달을 정해 생활하는 일도 재미있겠다. 아주 작은 희망도 좋다. 일 년의 나날들에 꽃씨처럼 심어둔 기대들이 돌림차례로 피어나기를 기다린다. 희망이 오지 않으면 내가 희망 쪽으로 걸어가야 한다. 기어서라도 기어코 가야 한다. 여행 계획이 적힌 다이어리를 펼친다. 반짝이는 기대와 몇 개의 반가운 약속을 본다. 소소한 희망이 계획적으로 불어온다.

꽃의
나날

 혼미하다. 꽃이 피면 영혼은 꽃 쪽으로 휜다. 반쯤은 꽃에 나를 맡겨두고, 반쯤으로 생활을 한다. 꽃이 핀다고 생활이 나아질 리 없지만, 꽃에 기대어 지내는 동안 마음은 가볍다. 기분이겠지만, 나 같은 기분주의자들은 기분이 전부다. 일터가 여의도다 보니 개화부터 낙화까지 꼼꼼히 관찰할 수 있다. 일조량이 동일한 여의서로에는 한쪽 편의 꽃봉오리가 먼저 트인다. 이유는 모른다. 이별의 정확한 이유를 모르는 것처럼, 때로는 궁금함을 두어야 하는 일도 있다. 올봄에는 이른 개화다. 벚꽃 개황을 관측하기 시작한 이래 가장 빠르다고 한다. 이맘때면 여의서로로 이어지는 건널목에 서서 사람 구경을 한다. 꽃이 켜지면 사람들은 봄을 건넌다.

 이상하다. 꽃이 아름답다고 누구도 일러준 적 없는데 나는, 당신은 꽃을 좋아한다. 고대인들도 꽃이 피면 아름답다고 생각했겠지. 그 마음의 유전일 테지. 이상하다. 나무 속에는 무엇이 있어 마술처럼 꽃을 꺼낼까. 모자에서 비둘기를 꺼내는 마술처럼 익숙한 풍경에도 매번 놀라고 만다. 이상하다. 나무가 꽃을 붙드는 힘은 무엇일까. 바람이 세차게 불어도 때가 되어야 꽃은 잎을 날린다. 이상하다. 나무가 쥐고 있던 꽃을 놓아버리는 원리는 무엇일까. 바람 없이도 때가 되면 꽃은 잎을 날린다. 궁금한 일이 많아진다. 궁금한 일은 다 슬픈 일이라는 시구詩句도 떠오른다. 꽃 피면 자꾸 먼 데를 본다. 혼곤하다. 꽃에 넋을 기울이면, 마음이 몸을 세워두고 참 멀리도 달아난다.

 철없고 일없던 시절에는 몸과 마음이 함께 움직였다. 저녁 무렵, 그림자가 가장 길어지는 시간부터 걷기 시작했다. 모양 바꾸는 제 그림자를 바라보며 걸었다. 그림자가 닳도록 걸었다. 남산으로, 인왕산으로, 삼청공원으로, 북구에 풀어놓은 썰매개처럼 멀리 쏘다녔다. 다리가 시큰할 때쯤 어둠 속이었다. 그 시절 어둠은 누추한 영혼을 덮는 이불이었다. 어둠 속에서 꽃이 흔들리는 것을 오래 바라본다. 어둠의 여집합으로서, 꽃은 밝다. 빛을 머금은 꽃들은 영물靈物이다. 달빛 머금은 벚꽃이라도 보게 된다면 혼절할 것 같은 봄밤이 좋다. 봄밤이 좋으니 봄밤은 좋다.

 봄이 실물로 육박해 온다. 들숨과 날숨 사이로 공기는 체온처럼 편하다. 꽃 속에서 눈을 감아도 꽃은 다 보였다. 남산에는 남산의 벚꽃이, 인왕산에는 인왕산의 벚꽃이, 삼청공원에는 삼청공원의 벚꽃이 피었다. 나는 언제나 나였지만 언제쯤 나를 보여줄 수 있을까 불안했다. 그 시절의 생각들이 같은 나무에서 매해 꽃과 함께 핀다. 맥주가 목젖을 가시화한다는 김소연의 시구처럼 계절은 시간을 가시화한다. 꽃은 누적된 생각을 소환한다. 어떤 음악을 들으면 특정한 생각이 켜지는 일처럼, 그때의 계절, 그때의 기분, 그때의 사건들이 옆구리를 툭툭 친다. 수많은 그때가 몰려와 모두 꽃에 매달린다. 기억은 기분의 문자로 홀로그램처럼 떠오른다. 꽃은 기억을 저장한다. 꽃은 유실된 기억의 보관소이다.

 화무십일홍花無十日紅으로 '봄날은 간다'. 낙화는 오래전부터 인생무상의 상징이었다. 인생의 궁극이 사랑에 있고, 사랑의 꽃이 남녀 간의 사랑이라면, 사랑의 무상함을 낙화만큼 잘 비유해내는 일도 드물 것이다.
 두 남녀가 헤어지는 시간이다. 남자는 여자에게 선물로 받은 화분을 들고 있다. 남자와 여자는 반대편 길로 걷는다. 여자는

나는 언제나 나였지만
언제쯤 나를 보여줄 수 있을까 불안했다.
그 시절의 생각들이 같은 나무에서
매해 꽃과 함께 핀다.

다시 돌아와 소맷자락을 잡는다. 남자는 받은 화분을 돌려주며 말없이 일러준다. 끝난 사랑은 끝난 것이라고. 여자는 옷깃을 여며주고 악수를 청한다. 여자는 뒤돌아간다. 다시 뒤돌아본다. 여자가 걸어갈수록 그 모습은 점점 아웃 포커싱된다. 사물인지 사람인지 알 수 없을 정도의 희미함으로 꽃길에 서 있다. 윤곽이 흐려지고, 사랑은 흐려진다. 봄날은 간다. 열거한 영화 속 장면의 순서가 정확한지는 알 수 없다. 영화도 기억이 되고 기억은 늘 주관적 관점으로 저장된다. 그렇게 사람은 각기 다른 자기만의 영화를 갖는다.

올해는 꽃을 일찍 피우고도 일찍 지지 않았다. 꽃의 윤리일까. 여의서로의 길섶에서 꽃의 뒷모습을 바라본다. 비라도 한번 오면 꽃길의 사위가 어둑하다. 꽃이 진다. 꽃이 지고 있다. 꽃 지고도 꽃이라 부를까? 꽃이 썩으면 향기라도 남을까? 너는 네가 가진 꽃에 관하여, 나는 내가 가진 꽃에 관하여, 어울려 피고 지는 꽃밭에 관하여 하나의 문장을 완성하지 못했다. 이별은 모두 비문非文이다. 고개를 들면 꽃잎은 내내 안 보이던 바람의 길을 펼쳐 보인다. 안 보이던 사랑도 끝날 때는 모두 보이듯 꽃 진다. 대낮에도, 거리가 어둑하다. 백 촉이었다가 삼십 촉이 된 거리. 어둑한 길섶에 떨구어진 속 맑은 시간을 바라본다. 꽃이 질 때 생각한다. 나무가 아팠을까, 꽃이 아팠을까. 반쯤은 꽃에 두었던 나의 넋을 올해도 바닥에서 읽고 있다.

불확정성의
여행 上

하이젠베르크의 '불확정성의 원리'는 한 입자의 위치와 운동량을 동시에, 정확히는 알 수 없다는 가설에서 출발한다. 양자 물리학의 근본이 되는 이론으로, 빛이 입자와 파동의 성질을 모두 가진 것처럼 전자電子와 같은 입자도 두 가지 성질을 모두 가진다고 한다. 관찰 행위가 대상의 상태에도 영향을 주는데, 전자가 어떨 때는 입자의 성질을 띠다가 관찰의 조건이 바뀌면 파동의 성질을 띤다고 하니 미궁과도 같은 이론이다. 고등학교 이과 출신의 자존심으로 이 글의 내용과 제목을 멋지게 엮어보려고 한 시간 넘게 공부해보았지만 단시간에 양자 물리학이 이해될 리 없다.

이 글은 불확정성의 원리와 관계없다. 하지만 불확정성의 원리에서 말한 '전자'가 울타리 안에서는 자유를 꿈꾸고 막연한 자유 속에서는 울타리를 그리워하는 인간의 양가적 감정을 은유하는 것 같기도 하다.

> 막다른 길에선
> 공평하게
> 왼쪽으로 한번
> 오른쪽으로 한번
> 핸들을 꺾으며 갔다
>
> 처음 보는 동네의 사람들은
> 아는 사람처럼 웃음을 흘렸다
>
> 그 여름에는 아무도 질문하지 않았다
> 나를 아는 사람들뿐이었다
> _____ 이상협, 「문과 답」 중에서

KBS 아나운서는 신입사원 1년을 지역에서 보내고 서울로 돌아온다. 방송을 다양하게 경험하고 오라는 사측의 하드 트레이닝 방식이다. 전주에서 1년간 지역 근무를 했다. 가족 없이 살아보는 것은 처음이었다. 해방감과 불안감이 시소를 타는 생활이었다. 처음 시작하는 일들은 대부분 좌충우돌이었고 어디에나 일정 비율로 존재하는 불편한 사람들 때문에 고초를 겪고 있었다. 매일 흘러넘치는 우울을 좀 덜어보고자 지인의 차를 빌려 드라이브에 나섰다. 목적이 없었으니 방향도 없었다. 전주 이곳저곳을 헤맸다.

  목적지가 정해지지 않은 운전에 뜬금없이 규칙을 부여해보기로 했다. 부분적으로는 규칙이 있는, 그러나 전체적으로는 확정되지 않은 드라이브. 지금부터 사거리가 나오면 좌회전, 또 사거리가 나오면 이번에는 우회전, 또 다음은 좌회전 같은 규칙 말이다. 생각보다 사거리는 많았고 오거리에서는 가장 가까운 쪽의 도로로 방향을 틀었다.

  백미러에 얼비치는 노을이 어둠 속으로 사라질 때까지 달렸다. 그렇게 이상한 드라이브가 시작되고 얼마나 지났을까. 논밭이 나왔다. '역시 대한민국은 농업이 근간인 나라군. 올해도 풍년이어야 할 텐데. 허허'라는 생각을 했다. 그런데 여긴 어디고 나는 누구일까. 본격적으로 봄이 시작되는 4월이었고, 봄밤의 다디단 공기가 숨마다 끼쳐왔다. 차에서 내려 잠시 밤길을 걷다 꽃을 만났다.

  검은 사위에서 꽃은 더욱 빛났다. 나지막한 나무들이 가까운 곳에 둘러서 있었다. 키 작은 벚나무도 있나 싶어 가까이 다가서자 벚꽃보다 육감적인 꽃은 그 끝이 갈라져 있었다. 처음 보는 복사꽃이었다. 안견의 「몽유도원도」에는 깎아지른 절벽 끝에 꽃이 피어 있다. 지금 내가 겪는 절벽에도 꽃은 오겠지. 그렇겠지? 처음 본 희고 붉은 복사꽃 무리에게 물었다. 복숭아 열매가 맺힐 무렵 나는 다시 여기 올 수 있을까?

이상한 드라이브는 끝나고 어쩌면 이 꽃들이 나를 불렀을지 모른다는 야릇한 생각에 빠져 차를 돌렸다. 내비게이션도 지도도 없는 나는 헤매고 헤매 겨우 집에 도착했다. 그날 밤 복사꽃 향기가 잠속까지 따라왔다. 나는 꿈속에서 거대한 복숭아나무 한 그루가 서 있는 언덕에 앉아 희고 탐스러운 구름이 지나가는 하늘을… 바라보지 않았다. 푹 잤다. 왠지 몽환적으로 글을 맺어야 할 것 같은데 푹 잤다. 다음 날 삶이 조금은 정돈된 기분으로 깨어났다. 그리고 여전히 생활의 역경은 그날치의 분량을 어김없이 부려놓았다. 어려움은 쓸데없이 한결같았다.

가끔 그때 생각을 한다. 마음만 조금 가벼웠다면 기억 속에서 손꼽을 아름다운 모험의 기록이 되었을 텐데, 나는 왜 불화에 시달렸을까. 서툴렀을까. 스스로를 변호하지 못하고 무기력했을까. 후회는 아직 확정되지 않았다. 후회에 대한 판단은 여전히 진행 중이다. 과거란 멈춰 있지 않다.

불확정성의
여행 下

지하철보다 버스를 좋아한다. 적당한 속도로 물러나는 풍경과 자연광 속에 있고 싶은 마음 때문이다. 지하철로 가면 빨리 닿을 목적지도 조금 일찍 나서 버스를 탄다. 창밖을 보며 사색에 잠기는 게 좋다. 통유리 너머로 탁트인 바깥을 볼 수 있는 앞자리가 더욱 좋다. 가을이 왔는데도 여전히 에어컨을 틀어놓은 버스에서는 창문을 살짝 열어 달리는 차가 만들어내는 바람을 즐긴다.

초등학교 4학년 때 혼자 처음으로 대중교통을 이용했다. 147번 버스였다. 버스는 광화문 교보문고로 나를 데려다주었다. 신기한 학용품과 수많은 책들이 가득한 신세계였다. 첫 비행을 마친 조종사들은 자신의 셔츠 일부를 찢는 관습이 있다는데 나는 처음으로 혼자 도착한 교보문고에서 미니 방향제를 사왔다. 은박지에 덮힌 구멍을 연필심으로 뚫으니 딸기향이 났다. 그것을 철제 필통에 넣어두었다. 가끔 생각으로 그 냄새를 맡는다.

교보문고는 초등학교 내내 가장 좋아했던 공간이었고, 언제나 나를 그곳으로 데려다주는 이동 수단은 147번 버스였다. 미색 바탕에 파란 줄무늬를 둘렀던 버스가 보라색 줄무늬로 바뀌는 동안, 나는 고등학생이 되었다. 훗날 노선이 바뀌고 번호가 사라질 무렵 나도 응암동에서 이사를 나왔다. 타임머신을 타고 그리운 순간으로 돌아가는 「스타트렉」의 커크 선장처럼, 147번 버스 앞자리에 타고 가벼운 몸과 새털 같은 마음을 가졌던 어린 날로 돌아가고 싶을 때가 있다. 여전히 나는 지하철보다 버스를 좋아한다.

퇴근길 정류장에서 가끔 아무 버스나 타고 종점에 내려 아무 술집에 들어가 술 한 잔으로 나를 타이르고 돌아오고 싶을 때가 있다. 가을이었나? 그날 나는 가벼운 긴소매 셔츠를 입고 있었다. 퇴근길에 새 책이나 둘러보자는 마음으로 교보문고에 갔고 빈손으로 나왔다. 자주 그렇지만 할 일이 딱히 있는 것도 아니었다. 친구들 몇을 불러내 '인사 크리스털 볼룸'* '음주 대연회'나 열어볼까 궁리하다가 오늘은 혼자 있자 싶었다.

　광화문 KT 지사 앞에서 어슬렁댔다. 어릴 적 147번을 타고 응암동 집으로 돌아가던 정류장이었다. '심심한데 무조건 다음에 오는 버스를 타고 그냥 종점까지 가볼까?' 몇 번 나에게 물었고 나는 흔쾌히 수락했다. 잠시 뒤 버스가 도착했다. 집으로 가는 방향이었으니 패스. 다시 생각했다. 일반 버스는 아무래도 종점까지 오래 걸리니 새로운 모험에 조금 타협을 해서 마을버스를 타기로 마음먹었다. 마을버스는 종점까지 금방 갈 테니 실패해도 시간 낭비는 아니겠다 싶었다. 없을 것 같은 마을버스 번호는 09였다.

　버스 노선도를 보지 않기 위해 시선을 창밖으로 고정했다. 종점을 미리 아는 것은 이 작은 여행의 취지에 맞지 않으니까. 통인시장을 지나 버스는 처음 보는 골목으로 접어들었다. '옛날' 모습이 남아 있는 동네는 정겨웠다. 전파사, 피아노 학원, 동네 서점, 태권도복을 입은 노란 띠의 아이들이 골목마다 보였다. 20년 넘게 골목집에 살았으니 골목은 언제나 그리운 곳이다. 막힌 곳에서 가장 크게 열리던 곳, 남색 대문을 열면 사랑하는 가족들이 나를 맞아주던 응암동 집이 눈에 겹쳐졌다.

---

* 인사동길 안국역 쪽 입구에 있는 작은 공원을 친구들은 '인사 크리스털 볼룸'으로 명명했다. 날씨 좋은 날 음주 연회를 펼쳤는데 유사한 장소로 정동공원 내 '정동 크리스털 볼룸'이 있다.

머리 아픈 날,
수성동이 있는 서촌으로 간다.
바람이 오는 곳으로 머리를 돌리면
언제나 인왕이 우뚝하다.

버스는 골목을 지나 언덕을 올라 종점에 도착했다. 버스에서 내린 나는 눈 앞에 펼쳐진 광경을 보고도 믿을 수 없었다. 서울에 이런 곳이 있다니, 무릉도원행 버스를 탄 것일까. 깎아지른 바위 사이로 물이 흐르고 있었다. 계곡을 따라 복숭아 꽃잎이 떠내려 올 것만 같았다. 수성동 계곡이라고 했다. 계곡의 물소리가 청아해 수성동水聲洞이라는 이름을 붙였다고 한다.

「인왕제색도仁王霽色圖」를 그린 겸재 정선의 『장동팔경첩壯洞八景帖』에 「수성동」이라는 작품이 수록되어 있다. 이 화첩에는 장동壯洞의 풍광 좋은 여덟 곳을 골라 담았는데 장동은 정선이 생을 마친 곳으로 현재 효자동과 청운동 일대를 가리킨다. 장동은 조선시대 한양의 권문세가들이 살던 최고의 주거지였다. 조선 말기 세도정치로 잘 알려진 '新 안동 김씨' 일가가 모여 살았다. 안동 김씨가 '장동 김씨'로도 불리던 유래를 여기서 찾을 수 있다. 수성동은 장동팔경 중 하나로, 계곡에 발을 담그고 풍류를 즐기는 탁족회가 열릴 만큼 풍광이 빼어난 곳이었다. 청계천의 발원지이기도 한 이 계곡 위를 따라가면 인왕산 등산로가 나오고, 길은 윤동주 시인의 언덕을 지나 서울 성곽으로 이어진다.

수성동 계곡에서 내가 가장 좋아하는 곳은 통돌로 만든 가장 긴 다리 '기린교麒麟橋'와 간소한 긋기단청으로 선비문화를 상징하는 전통의 사각 정자 '사모정'이다. 나의 친구 몇이 함께 아끼는 장소이기도 한데, 친구들과 만든 단체 채팅방에 누군가 '09'

종로 09 노선도

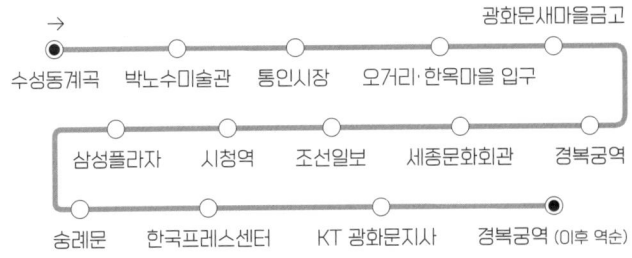

※ 하나 더

종로 11 노선도

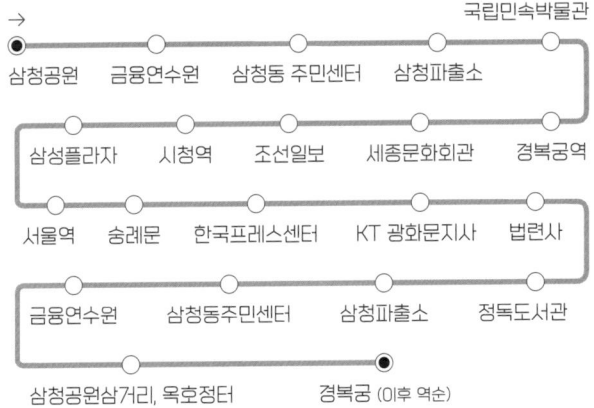

라고 쓰면 그날은 마을버스 09번개를 하는 날이다. 수성동 계곡 사모정에서 네 캔에 만 원 하는 맥주를 마시고 인왕산의 기운을 받는다. 약속이 있던 친구들도 늦게나마 꼭 온다.

풍류를 좋아하는 나와 친구들은, 일찍이 마음을 함께 나누는 비밀 장소 몇 군데를 두고 놀았다. 인사동 초입 작은 공원에서 시작해 러시아공사관 터가 남아 있는 정동공원 정자를 거쳐 이제 수성동 계곡 사모정을 비밀 장소로 삼고 나이 들어도 철없이 논다. 신경림 시인의 시구처럼 못난 놈들은 서로 얼굴만 봐도 흥겨우니까. 머리 아픈 날 수성동이 있는 서촌으로 간다. 바람이 오는 곳으로 고개를 돌리면 언제나 인왕이 우뚝하다. 수성동 계곡을 타고 바람은 흘러 나를 불러 세운다. 좀 놀다 가라고.

가방
꾸리기

 SNS에서 #whatsinmybag을 검색하면 자신의 가방에 어떤 물건이 들어 있는지 보여주는 게시물을 찾을 수 있다. 친구를 보면 그 사람을 알 수 있듯, 가방 안을 보아도 그 사람을 알 수 있다고 생각한다. 평소 나의 가방을 들어본 지인들은 그 무게에 놀란다. 대체 이 안에 뭐가 들었는데 이렇게 무겁냐고. 집보다는 밖으로 쏘다니며 무엇이든 하기를 좋아하는 나는 창작에 필요한 거의 모든 것을 가방에 넣고 다닌다. 예전에는 음악 작업을 위해 작은 건반까지 들고 다녔다.

 집에서 쫓겨나도 3일 정도는 편하게 지낼 수 있게 가방을 꾸려둔다. 언제든 여행을 떠날 수 있는 가방이기도 하다. 앞주머니에는 신용카드와 여분의 마스크 3장이 들어 있다. 가방 속에는 가장 중요한 노트북이 있다. 이중 덮개 파우치에 담아 안전하게 잘 넣어두었다. 늦은 밤에도 글을 쓸 수 있게 간이 스탠드도 챙겼다. 백업용 외장하드 하나, 보조 배터리는 대용량과 소용량으로 하나씩, 케이블도 USB C타입까지 3종류로 구비했다. 연필과 만년필을 비롯해 각종 필기구가 든 가죽 필통, 각종 아이디어 기록용 붉은 노트 한 권, 영상 콘티 작업용 8칸 노트 한 권도 있다.

노트북 다음으로 중요하게 챙기는 것은 노이즈 캔슬링 헤드폰이다. 이거 물건이다. 대중교통이나 비행기를 탈 때 놀라운 경험을 안겨준다. 버튼 하나로 순식간에 고요의 세계로 떠날 수 있다. 겨울에는 귀마개로도 좋다. 잡담하는 회사 동료들 사이에서 일해야 할 때 요긴하다.

여행이 예감되는 계절에 특히 신경써서 챙기는 물건들도 있다. 당연히 빼놓을 수 없는 여권을 비롯해 220V-110V 변환 어댑터(일명 돼지코), 심심할 때 펼쳐볼 신작 시집 한 권이다. 비행기에서 영화나 미드를 볼 때 필요한 작은 크기의 8만 원짜리 태블릿, 여행용 음악이 들어 있는 빨간색 디지털 오디오 플레이어, 작은 카메라 '똑딱이'의 끝판왕 소니 RX100 M4 카메라, 박물관에서 사용하는 오페라글라스 크기의 작은 일안一眼 망원경도 가방 속에 있다. 소리 채집을 위해 휴대용 녹음기 Zoom

H1n과 작은 트라이포드(삼각대)도 함께 가져간다. 다큐멘터리 「원효, 돌아보다」 촬영 때 재미 삼아 구매한 것인데, 자연의 소리를 녹음해 모은다. 여행지 특유의 소리를 담아오는 것도 여행의 잔재미를 더한다.

언제든 어디로든 떠날 수 있는 가방 하나가 준비되어 있다는 사실은 든든하다. 여행 계획 없이도 항상 여권을 품에 지니고 다니는 사람과 같은 마음이랄까. 가방을 정리하다 지난 계절의 비행기표를 발견하고 읽다 만 시집 사이에 끼워둔다. 언제나 여행을 꿈꿀 수 있는 설레는 마음이 가방 속에 담겨 있다. 무거운 가방이 내게는 또한 가벼운 이유다.

> 전쟁 같은 그대 일상 속에서 한 걸음만 물러설 수 있다면
> 배낭 속에 칫솔과 치약 대충대충 짐을 꾸릴 수 있다면
> 그댄 성공할 거야 모두 두려워하는 짜릿한 탈출에 …
> _____ 조동익, 「탈출」 중에서

호텔
19호실

이건 모두 아주 자연스러운 일이야. 처음에 나는 어른이 된 뒤 12년 동안 일을 하면서 나만의 인생을 살았어. 그리고 결혼했지, 처음 임신한 순간부터 나는, 말하자면 나 자신을 다른 사람들에게 넘겼어. 아이들에게. 그 후 12년 동안 나는 단 한순간도 혼자였던 적이 없어. 나만의 시간이 없었어. 그러니 이제 다시 나 자신이 되는 법을 배워야 해. 그뿐이야.
_____ 도리스 레싱, 「19호실로 가다」 중에서

2007년 노벨 문학상을 받은 도리스 레싱의 단편소설 「19호실로 가다」는 독립적인 한 여성이 어떻게 결혼제도에 순응해

가는지를 보여준다. 전업주부 '수전'은 사랑스러운 네 아이, 경제력 있는 남편과 함께 부족함 없는 가정을 꾸리고 살아가지만, 알 수 없는 공허함과 초조함에 시달린다. 자신을 잃어버린 그녀에게는 자신만의 공간이 필요했다. 런던의 싸구려 호텔 19호실에서 자신을 마주하고, 누구를 위한 어떤 역할도 없이 비로소 자기 정체성을 찾아가는 중이었다. 이를 수상하게 여긴 남편은 탐정을 고용해 그녀의 뒤를 밟게 되고 결국 그녀의 안식처도 의미를 잃는다. 수전은 외도라는 거짓말을 해서라도 지키고 싶은 자신만의 공간이 간절히 필요했던 것이다.

타인의 부재만으로도 위로가 되는 순간이 있다. 하루하루 너무나 많은 사람을 만난다. 대부분 사회적인 둘레 안에서 만들어진 관계다. 칭찬을 좀 섞어가며 그들과 매너 있게 이야기를 나누지만 '좋은 관계를 위한 좋은 말들'을 주고받는 동안 불필요한 에너지가 소모되고 피로감을 느끼게 된다. 반갑게 인사하고 돌아서면 웃던 얼굴의 근육이 급속히 제자리로 돌아오는 누군가를 본다. 그것은 나였다.

'19호실'은 상징적인 공간이다. 사회 안에서 여성의 굴레에 초점이 맞추어진 소설이지만 현대인 모두에게 해당하는 통찰이 있다. 우리에게는 혼자만의 공간이 필요하다. 여성이 소설을 쓰기 위해서는 일 년에 500파운드와 '자기만의 방'이 있어야 한다는 버지니아 울프의 말도 여성에게만 국한된 이야기는 아니다. 우리에게는 혼자만의 공간이 간절히 필요하다. 인간으로서 자신을 성찰할 수 있는 곳이라면 어디든 상관없다.

 호텔을 좋아한다. 혼자 오기에는 망설여지고 가격도 만만치 않지만, 호텔에서만 얻을 수 있는 특별한 감성이 있다. 내가 출장을 좋아하는 이유는 호텔과 혼자만의 시간이 있기 때문이다. 특히 혼자 가는 출장은 여행 이상의 즐거움을 준다. 일이 많아도 저녁 이후에는 대부분 나만의 시간이 주어진다. 여행자는 '내가 여길 언제 또 오랴, 악착같이 더 많이 봐야지'라는 마음이 강하다면 출장자에게는 그런 강박이 없다. 회삿돈을 쓰는 일은 즐겁다. 내 돈을 쓰지 않고 멀리 가는 일은 아름답다.

 호텔을 좋아하는 이유는 다양하다. 일상의 사물들이 눈에 보이지 않아 시각적으로 정돈된 느낌을 받는다. 최소한의 필요한 물건만 있다. 잘 청소된 실내, 깨끗한 수건, 구김 하나 없는 새하얀 침대 시트. 쾌적한 실내 온도와 습도. TV를 켜면 나오는 호텔 소개 영상 속의 사람들은 행복한 한순간을 무한 반복하며 그 장면 안에 멈춰 있다. 침대 머리맡에 독서용 조명도 은은하게 자기 역할을 한다. 작은 협탁 아래칸에는 아무도 읽지 않는 성경이 들어 있다.

 수압이 센 샤워기로 몸을 씻는다. 목욕 가운을 입으면 쾌적하게 몸의 물기가 흡수된다. 하얀 이불의 촉감을 느끼며 침대에 누워 있으면 하얀 평화가 찾아온다. '하얀 평화'라는 생경한 조어처럼 나를 찾아오는 새로운 기분이 있다. 미세 전류가 흐르는 듯한, 요의 같은 쾌감이 몸을 관통한다. 완벽하게 차단되어서 완벽하게 혼자라는 기분이 가져온 평화다. 창문이 있고, 창문 밖에 구름 몇 점 보인다. 구름의 밑동이 석양에 물들 때까지 누워서 아무것도 하지 않고 라디오를 듣는다. 아주 작은 볼륨으로 들릴 듯 말 듯한 음악이 흐른다. 잠과 깸 사이에서 의식은 파도처럼 출렁인다. 가져온 책에서 무심히 읽은 문장들이 이전과 달리 큰 의미로 다가온다. 읽을거리라곤 이것밖에 없으니까. '선택과 집중'이라는 삶 속의 그 흔한 말이 잠언처럼 마음에 박힌다.

살면서 너무 많은 사람을 알아왔다. 필요에 넘치는 사물을 소유했고, 정보의 홍수 속에서 극심한 피로감을 느껴왔다. 너무 많은 건 아무것도 없는 것과 같다. 마음은 한정 자산이다. 대상이 많아지면 대상에 닿는 마음은 1/n로 수렴될 수밖에 없다. 장난감이 너무 많은 아이는 장난감이 주는 재미를 상실한다. 감각의 대리자가 된 스마트폰만 멀리 둔다면, 스마트폰 에어플레인 모드를 켜듯 '아이플레이 모드'로 '나'를 켠다면 감각의 주체는 온전히 나로 바뀔 수 있을 것이다. 호텔에는 필요한 것만 있다. 호텔이 좋다. 호텔은 '심플'하다.

핀란디아

더위가 시작되면 생각은 북구로 휘었다. 인터넷 라디오로 핀란드의 음악 방송을 들으며, 기차를 타고 라플란드에 가는 내 모습을 상상했다. 극단적인 추위와 눈의 나라, 낮은 눈구름 덮인 그 설국의 하늘 밑에 서보고 싶었다. 하얀 밤에는 차고 독한 보드카를 마시며 낮은 우주에 뜨는 녹색 오로라의 감각을 종교처럼 눈에 담고 싶었다. 늘 염두에 두지만, 엄두가 나지 않는 곳이 핀란드였다.

경유지는 헬싱키였고 계절은 가을이었다. 겨울만을 상상했던 곳의 9월은 아름다웠다. '아름답다'라는 술어에는 몇 갈래

오후 6시가 지난 헬싱키는
고요로 가득했다. 가게들은 문을 닫고
사람들은 집으로 돌아갔다.
이 고요에 품겨 반년쯤 고립된 나를 겪고 싶었다.

의 함의가 있겠지만, 그곳에서는 '고요'라는 감정이 그림자처럼 매달려 있었다. 고요에 쓸쓸함이 매달린 감정이 '적막'이라면 그곳의 공기는 감정이 사라진 듯 순정한 고요를 지니고 있었다.

 오후 6시가 지난 헬싱키는 고요로 가득했다. 가게들은 문을 닫고 사람들은 집으로 돌아갔다. 헬싱키 사람들은 잘 웃지 않았지만 적절한 거리에서 친절했다. 저녁이면 집에서 사우나를 하고 보드카를 마시고 책을 보며 느슨한 시간을 보낸다고 했다. 고요의 전문가들이었다. 이 고요에 품겨 반년쯤 고립된 나를 겪고 싶었다.

 침묵의 캄피 교회Kamppi Chapel of Silence에서 종교 없는 기도를 했고, 암석 위의 템펠리아우키오 교회Temppeliaukio Church에서 오르간 연주를 들었다. 아카데미아 서점에서 핀란드어로 쓴 시를 그림처럼 읽었다. 시나몬 롤을 먹으며 영화 「카모메 식당」의 이야기를 떠올렸고, 코프Koff 트램을 타고 맥주를 마시며 해질녘의 도시를 둘러보았다. 저녁에는 숙소로 돌아와 연어를 굽고 맑고 차가운 술을 마셨으며, 가끔 먼 데를 보며 자일리톨 껌을 씹기도 했다.

 나와 가까운 사람들이 핀란드에 갔으면 한다. 다녀와서 내게 차가운 술 한잔 사주기를 바란다. 그들의 핀란드 이야기에 나의 추억도 섞어가며 내가 그곳에서 느꼈던 순정의 고요를 다시 확인해보고 싶다. 하지만 그곳에 가는 일에 엄두까지 낼 필요는 없었으면 한다. 계획하지 않았으면 한다. 그곳은 누구나 떠올리고 문득 도착하는 곳이기를 바란다.

스탄

1.

다큐멘터리 제작차 반년 동안 불상이 모셔진 나라에 다녔다. 중국, 인도, 미얀마, 파키스탄, 유럽 등지에서 불교와 불상의 자취를 좇았다. 기대만큼 두렵던 곳은 파키스탄이었다. 종교 분쟁으로 종종 폭탄이 터지는 나라였다. 수도인 이슬라마바드와 라호르는 안전하다는 정보와 달리, 촬영 전날 골동품 시장에서 폭탄 테러가 일어나 세 명이 죽었다.

처음 느끼는 감정이 전류처럼 몸을 돌았다. 인간이 죽음의 위협을 느낄 때 몸은 본능을 발휘한다. 성석제의 단편소설 「내 인생의 4.5초」에서 주인공은 죽기 직전, 엄청난 양의 엔도르핀

샤워를 경험한다. 고통에 무감하게 만드는 몸의 자기 방어기제일 것이다. 비슷한 일이 내 몸에서 일어나고 있다고 생각했다. 생존 확률이 높아지는 쪽으로, 또는 죽음의 두려움을 상쇄시키는 쪽으로 몸이 작동했을 것이다. '하루'라는 시차는 일주일을 두고 보면 길고, 일 년을 놓고 보면 짧지만, 단 하루라는 시간차로 내가 살았다고 생각하니 섬뜩하고 기뻤다.

아무 일도 일어나지 않은 것을 기쁨이라고 말할 수 있을까? 음(-)에서 영(0)으로 돌아온 감정을 양(+)이라 말할 수 있을까? 암 판정이 단순 염증으로 밝혀진 환자의 기분처럼 말이다. 기쁨과 행복이란, 끝없는 음(-) 속에서 간신히 영(0)의 선상에 도착해 출렁이다 이내 수면 아래로 가라앉는 감정의 소요騷擾일까? 숨을 참고 바닷속을 걷다 잠시 수면 위에서 쉬는 숨을 일러 기쁨과 행복이라고 말하는 것일까? 그렇다면 고통의 반대말은 무통인가?

무수한 운석들을 피해 살아남은 지구처럼, 어쨌든 나는 살아있다. 죽을 뻔했다고 말하기에는 싱겁기도 하다. 낯선 곳에서 극적인 사건을 겪은 자의 휜소리이겠지만, 다행히 나는 살아 있다. 다행은 알아차리지 못한 많은多 행운幸들이 지나간 시간의 마른자리일지도 모른다. 인식하지 못한 죽음의 가능성이 수없이 나를 비껴갔을 뿐이다. 내게는 죽음에 근접했던 시간이 있다.

인도 사람들의 함성이 국경을 넘었고,
파키스탄 사람들은 함성으로 함성을 받아넘겼다.
해학과 유머의 즐거운 국경이라니.

2.

국경에 대한 환상이 있었다. 나는 거듭된 상상을 통해 그 이미지를 키웠다. '국경의 세계'는 구체적으로 조립되어갔다. 각자의 이상형을 만드는 비밀스럽고 공고한 작업처럼 말이다. 삼엄한 경비, 철탑 위의 보초들, 철책을 두른 바리케이드, 몸수색을 받기 위해 늘어선 줄, 땀에 젖은 여권, 불시에 방향을 바꾸는 불안한 바람, 적자색 노을 속 처연히 두 나라의 국기가 나부끼는 경계지대… 내가 상상하던 국경의 모습이다.

촬영을 위해 파키스탄과 인도의 국경지대인 와가 보더Waga Border에 갔다. 그곳에서는 매일 저녁 인도 국경수비대와 파키스탄 경비대의 합동 국기 하강식이 열린다고 했다. 첫 임무를 수행하는 비밀요원처럼 나는 주변을 비장하게 두리번거렸다. 죽음이 비껴갔다는 허세에 기인한 행동이었을 것이다. 라마단 기간이었다. 라마단은 이슬람교도들이 신성하게 여기는 때여서 해가 뜰 때부터 질 때까지 금식한다. 한낮에 우리는 물 한 모금 마시는 일조차 눈치를 보았다. 잘린 성곽 같은 벽돌 건물 사이에 국경이 있었다. 건물을 가로지르는 도로의 양편은 관중석으로 둘러 있었다.

관객이라니? 한국시리즈 1차전 날의 야구장처럼 응원이 시작되었다. 인도 사람들의 함성이 국경을 넘었고, 파키스탄 사람들은 함성으로 함성을 받아넘겼다. 응원과 노래를 주고받는 와중, 닭 벼슬 모양의 모자를 쓴 두 국가의 군인들이 익살스런

걸음으로 국경 위에 난 길 사이를 왕복했다. 국기 하강식에는 승패가 있다고 했다.

승패라니? 모의 전투라도 벌이는 걸까. 규칙은 단순했다. 국기를 천천히 내리는 쪽이 이기는 것이었다. 그날 환호한 쪽은 파키스탄 관중들이었다. 국경이라는 비장한 공간을 축제와 놀이의 장으로 만들다니. 해학과 유머가 넘치는 즐거운 국경이라니. 상상으로 쌓아 올린 나의 국경에 대한 이미지가 단숨에 무너지는 순간이었다. 실망과 배신감이 엄습했다. 분단국가 출신자의 태생적이고도 어설픈 환상이 깨지고 있었다.

10루피짜리 파키스탄 국기를 건성으로 흔들며 나만의 국경을 떠올렸다. 실패한 소개팅에서 돌아와 자신의 이상형을 떠올리는 일처럼. 실망이란 감정은 사실과 상상의 낙차다. 그곳에 시詩가 있다. 거센 물줄기를 버티고 사실에서 상상 쪽으로 거슬러 오르는 어느 지점에 문학이 존재할 것이다. 시기 좋은 것은 사실과 상상의 경계에 능청스레 설 수 있다는 점이다. 현실이 몽상적으로, 상상이 극사실로 펼쳐지는 이상한 세계가 생겨나도, 심지어 그것이 실패한 세계라도 윤리적 문제는 없다. 아니, 그것이 시의 윤리Ethica일지 모른다. 시는 실패한 국경에서 자란다.

    목숨이 줄어드는 쪽으로 가면 밥맛이 좋고 발기가 잘되고 손발은 민첩하며, 살 수 있는 쪽으로만 움직인다 저절로 나의 몸은 삶이 잘 수신되는 라디오처럼 자꾸 무얼 듣는 데 또렷한 그 메시지는 나의 혀가 잃어버린 조음점을 만들어, 살고 싶어지는

인샬라. 무엇에 대한 평화인지도 잊은 채 기대가 기만인 시절에서 폭탄은 폭죽처럼 환하게만, 골동품 거리에서, 박제된 神들 터진 살점 훑어가는 붉은 소실점에서 들리는 조용한 그 말씀은 점집에서 사 온 부적 같은 주문 같은 쓸모 모두부 같은 그 말씀 쥐고 출소자처럼 두리번

총검을 든 잿빛 수염이 와 몸을 더듬는 동안 국경이 깃발을 머뭇거리는 동안 나는 잘못 없이도 잘못한 모든 일이 되어 모국의 내 습관대로 잘못한 일을 만들어 고하고 싶어지는 국기 하강식 위로 목 붉은 새 떼 날아가고

라마단의 해지고 어둠 속에서야 먹을 것 주섬거리는 국경 사람들 더듬어지는 이방인의 몸을 바라보는 흰 눈 허기 속에서 검문당하는 몸피 잔 근육 저절로 움찔대는 동안 검문하는 몸도 미량의 죽음을 느끼며 당신도 나도 이상한 반성의 시간이 지나길 바라는 건 우리의 인샬라 "웨라유프럼" 반쯤 웃는 하얀 이 청하는 악수가 神이었다.
　　　이상협, 「스탄」

현실이 몽상적으로, 상상이 극사실로 펼쳐지는
이상한 세계가 생겨나도, 심지어 그것이 실패한 세계라도
윤리적 문제는 없다. 아니, 그것이 시의 윤리일지 모른다.

눈을
감으면

KBS 다큐멘터리 「석굴암」* 팀은 인도 북동부의 불교 성지 보드가야Bodhgaya로 향했다. 보드bodh는 불교 용어 보리菩提에 어원을 둔다. 보리는 깨달음을 위해 닦는 도를 의미한다. 보드가야는 부처의 깨달음에 초점을 둔 지명으로, 부처가 탄생한 룸비니Lumbini, 최초로 법을 설한 사르나트Sarnath, 열반에 든 쿠시나가르Kushinagar와 더불어 불교 4대 성지 가운데 하나다. 카필라 왕국의 카필라바스투 성을 가출한 고타마 싯다르타 왕자는 여러 스승의 가르침에 만족하지 못하고 스스로 수행하기 위해 이곳으로 온다. 그리고 정각正覺에 들었다.

보드가야의 마하보디사Mahabodhi Temple, 대정각사(大正覺寺)에는 부처가 깨달음을 얻었다는 보리수가 서 있다. 원래 '필팔 트리 peelpal tree'라 불렸는데 부처가 이 나무 아래에서 깨달음을 얻은 후 '보리수'로 불리게 되었다. 안타깝게도 부처가 정각에 이른 그 보리수는 아니다. 기원전 3세기경 아쇼카 왕의 딸 상가미타가 스리랑카에서 보리수 묘목을 옮겨 와 심은 것이다. 원래 있던 보리수가 유실된 데는 두 가지 설이 있다. 첫 번째는 이교도들이 훼손했다는 것이고, 두 번째는 아쇼카 왕의 왕비 중 하나인 '띠사락쉬따'가 왕이 자신에게는 관심 없고 보드가야 순례에만 매진하자 화가 나서 없앴다는 것이다. 그녀의 이름을 발음해보면 성격을 짐작해볼 수 있을 것 같다. '띠사락쉬따'.

독자여, 내용이 점점 지루해지고 있다는 것을 깨달았는가? 재미가 없는가? 눈이 감기는가? 그렇다면 잘됐다. 이제 '눈 감던' 얘기 하나를 시작하겠다.

촬영을 위해 보리수나무 아래 앉았다. 인도의 뜨거운 더위는 그늘 속에서도 고스란히 느껴졌다. 눈을 감았다. 그 옛날 '고타마 싯다르타'처럼. 영사막 같은 눈꺼풀 안쪽으로 주홍색 빛과 보리수 나뭇잎 그늘이 번갈아 어른거렸다. 얼마가 지났을까.

---

* 2013년에 방영된 KBS 특집 다큐멘터리이다. 그리스-로마에서 중앙아시아, 중국을 거쳐 우리나라 경주에 이르기까지 대륙을 넘어 2,500년 불교의 역사와 불상의 자취를 기록했다.

아주 희고 강한 빛이 온몸을 관통하는 기분이 들었다. 몸이 살짝 밀리는 듯했다. 처음에는 더위로 인한 현기증이라 생각했지만 처음 느껴보는 감각이었다. 옆에 있던 한국 스님에게 이 경험을 설명하니 슬몃 웃으며 답했다. "여기는 지구의 배꼽입니다. 에너지가 매우 강한 곳이지요. 수행 경험이 없는 사람이 명상에 들면 힘에 밀릴 수 있습니다." 그는 다시 고개를 돌려 보리수를 바라보고 눈을 감았다.

그날 이후 가끔 명상 비슷한 것을 한다. 그야말로 비슷한 것이다. 화가 치밀어 오르는 날이나 마음을 가라앉혀야 하는 순간, 눈을 감고 10초를 세며 숨을 들이마신다. 5초 숨을 참은 뒤 다시 10초간 밖으로 숨을 내쉰다. 반복한다. 뇌 과학자 질 볼트 테일러Jill Bolte Taylor 박사에 따르면 인간의 화가 누그러지는 시간은 90초라고 한다. 화가 났을 때 분비되는 호르몬이 90초면 사라진다고 했다. 90초가 지나면 화났던 일이 다시 생각난다. 심호흡을 반복하며 90초를 또 기다린다. 잠시 마음이 정화되는 느낌과 함께 조금 전에 화났던 일이 다시 생각난다. 90초를 기다린다. 더 화가 난다. 냉장고에서 술을 꺼낸다.

하나의 사물을 무념무상으로 바라보는 것도 일종의 명상이다. 사물을 바라보며 의식의 흐름에 따라 생각을 흘려보낸다. 연필을 본다. 나는 연필을 본다. 계속 본다. 뚫어지게 본다. 그리고 연필이 나를 본다. 블랙윙 바우하우스 특별 한정판이 떠오른다. 사고 싶다. 비싸다. 초자아인 슈퍼에고super ego와 무의식의 자아 이드id 사이에 갈등이 생겨난다. 피곤해진다. 연필에 다시 집중하자. 생각해보니 오래전부터 사고 싶은 연필은 그라폰 파버카스텔 제품이다. 한 자루 15,000원이다. 매우 비싸다. 연필 한 자루가 이리 비쌀 일인가? 미량의 노여움이 끼쳐온다. 90초를 기다린다. 이 연필은 엄선한 삼나무로 만들었다고 한다. 연필 끝에 달린 지우개를 감싼 캡은 은도금이다. 비쌀 수밖에 없구나. 그러니 나는 더욱 갖고 싶다. 잡념을 없애야 한다.

다시 연필을 본다. 연필이란 무엇인가. 연필에 집중하는 동안, 평소에는 감각하지 못했던 눈의 깜빡임을 느끼게 된다. 나무향이 느껴진다. 연필은 연필향나무로 만든다. 연필향나무는 겉씨식물 구과식물아강 구과목 측백나뭇과의 상록 침엽수로 북아메리카 동부가 원산지다. 북아메리카 동부 애팔래치아 산맥의 가을을 생각한다. 형형색색의 단풍이 펼쳐지는 그레이트 스모키 마운틴 국립공원이 떠오른다. 원시림에는 흑곰 1,500마리가 서식한다지. 흑곰의 털빛 같은 흑연이 보인다.

연필의 뾰족한 부분에 집중한다. 흑연이란 무엇인가? 흑연을 알아보자. 탄소의 동소체 중 하나로 육방정계의 결정구조를 갖는 광물이다. 다른 명칭으로는 석묵石墨이라고도 한다. 순수한 탄소로 이루어져 다이아몬드와 같은 성분으로…. 그만 알아보자. 흑연을 점토와 섞은 뒤 구워서 연필심을 만들었겠지. 흑연의 냄새가 콧속으로 훅 끼쳐온다. 익숙하면서도 낯선 냄새가

하나의 사물을 무념무상으로 바라보는 것도
일종의 명상이다. 사물을 바라보며 의식의 흐름에 따라
생각을 흘려보낸다.

가만히 있는 법을 배울 수 있다면
자신과 좀 더 친하게 지낼 수 있지 않을까.
나를 읽을 시간이 필요하다.

나의 감각을 깨운다. 그리고 연필의 모양이 문득 낯설어진다. 왜 이런 모양일까? 이 사물은 무엇일까? 현기증처럼 미시감未視感이 밀려온다.

당연하고 낯익은 것이 우리를 낯설게 할 때 우리의 감각은 깨어난다. 의식의 흐름을 따라 당도한 곳에 낯선 '연필'이라는 물질이 있다. 시인들은 이런 방식으로 세상을 본다. 시를 쓰는 동안 수영장에 누운 사람처럼 의식과 무의식 사이에서 반쯤은 뜨고 반쯤은 가라앉은 자세로 출렁인다. 형이하학과 형이상학 사이에서, 사실과 환상 사이에서 양쪽 세계를 잇는 사람들이 시인이다. 착란錯亂의 세계, 그곳에서 시가 자라난다.

근래 가장 흥미로웠던 명상법은 틱닛한 스님의 마인드풀 이팅Mindful Eating이었다. 내용은 이렇다. 예를 들어 사과를 먹을 때는 지금 내가 사과를 먹고 있다는 사실에 집중한다. 지금 먹고 있는 사과 하나만을 생각해보라는 것. 이 사과는 어디에서 왔을까? 대구 아니면 영주? 영주 부석사 근처의 사과밭이었을까? 봄에 보았던 작고 흰 사과꽃이 열매를 맺은 것이겠지. 그때 농부는 오후 3시의 태양 아래에서 영글은 사과를 땄겠지. 나아가 사과나무에 닿았던 햇빛과 바람, 뿌리를 감싼 흙이며 그 속의 미생물과 수분水分, 그리고 사과꽃의 수분受粉을 도운 벌까지 떠올려 생각해보라는 것. 사과 한 알에 우주가 있음을 느껴보라는 것이다. 하지만 일에 쫓기는 현대인들은 허겁지겁 끼니를 때우기 바쁘거나, 아니면 음식을 먹을 때 텔레비전이나 스마트폰을 보는 등 먹는 일 자체에 집중하지 않는다.

미국 노스캐롤라이나 주립대 연구팀이 80명의 성인을 대상으로 관찰한 결과, 마인드풀 이팅을 한 집단이 그렇지 않은 대조군에 비해 살이 2kg가량 덜 쪘다고 한다. 음식에 집중해 꼭꼭 씹어 먹으면 득이 크다는 이야기겠다. 우리는 현재에 집중하기 힘든 일상을 보낸다. 불확실한 미래나 실패한 과거에 마음을 두고 살기 일쑤다. 어느 일본인은 아무것도 안 하기 아르바이트를 한다. 의뢰자 옆에서 아무것도 안 하는 것으로 돈을 번다고 한다.

우리는 뭔가 좀 안 할 필요가 있다. 우리는 늘 무언가 하고 있다. 나 역시 이렇게 가만히 있지 못하고 누가 읽을지도 모르는 글을 쓰고 있다. 가만히 있는 법을 배울 수 있다면 자신과 좀 더 친하게 지낼 수 있지 않을까. 나를 읽을 시간이 필요하다. 이제 우리는 좀 가만히 있자.

소리를
모으는 사람

맥적산麥積山 석굴은 막고굴莫高窟, 운강석굴雲岡石窟, 용문석굴龍門石窟과 함께 중국 4대 석굴 중 하나다. 실크로드 초입인 친링산맥秦嶺山脈 서편에 있다. 가을에 수확한 보리를 쌓아놓은 형세라 맥적산이라 부른다. 이곳은 북위北魏 시대부터 청나라 때까지 조성된 불교 석굴군이다. 140미터가 넘는 높이에 200개 넘는 감실龕室이 벌집처럼 있다. 굴 안에는 다양한 시대에 걸쳐 만들어진 석불, 소상, 부조, 벽화가 있는데 서기 300년 무렵부터 청나라 시대까지 무려 1,600여 년 동안의 시간 흐름을 느낄 수 있다. 시대에 따라 불상 제작 방식도 달랐을 텐데, 한데 모여 고스란히 남았으니 말하자면 이곳은 시간박물관인 셈이다.

사자탈을 쓴 우리나라 금강역사金剛力士의 원형도 볼 수 있다. S자로 몸을 비틀고 머리 위에 금강저金剛杵를 들고 있다. 석굴암에서 본존불을 지키는 무서운 수호신이 금강역사다. 이것이 그리스 신화의 힘센 영웅 헤라클레스의 변용이라는 사실을 아는 사람은 드물다. 이유가 궁금한 사람은 KBS 다큐멘터리 「석굴암」을 보면 된다. 참 좋은 다큐멘터리다. 내가 나온다.

맥적산의 일출을 촬영하기 위해 새벽부터 길을 나섰다. 카메라 감독 성준 형은 드론을 날려 맥적산의 위용을 극적으로 담으려 준비했고, 경수 형은 소리를 담았다. 경수 형은 영화 「봄날은 간다」의 주인공 상우(유지태)처럼 방송 현장에서 긴 붐 마이크를 들고 소리를 모은다. 2미터가 넘는 봉을 들어 올리면 정말 멋지게, 벌서는 사람이 된다.

소리를 모으는 일은 까다롭다. 어떤 대상의 소리만 채집해야 하지만 결국 잡소리가 들어가기 마련이다. 녹음이 시작되면 기다렸다는 듯 어디선가 차가 지나가거나 사람 소리가 들린다. 이런 소음들을 줄이기 위해 오디오 감독은 이리저리 마이크 방향을 틀고 맞추며, 벌서는 모양으로 힘을 쓰게 되는 것이다.

마이크를 올린 촬영팀은 숨죽인 듯 있었다. 처음 듣는 다양한 새소리, 새벽빛을 닮은 바람 소리, 숲에서 들려오는 작은 벌레 소리가 마이크 속으로 빨려 들어가고 있었다. 소리에 집중하기 위해 눈을 감았다. 하나의 감각을 닫으면 하나의 감각이

가을에 수확한 보리를 쌓아놓은 형세라
맥적산이라 부른다.
140미터가 넘는 높이에
200개 넘는 감실이 벌집처럼 있다.

열리는 법이니까. 소리뿐 아니라 맥적산의 냄새까지 마음에 담기는 듯했다. 이렇게 다양한 소리가 조화롭게 담기는 경우는 드물다고 경수 형은 말했다. 맥적산의 새벽 소리가 차곡차곡 쌓였고 형은 오디오 파일을 내게 선물로 주었다.

영혼이 괴롭힘 받는 날이면 스마트폰에서 그날의 소리를 불러온다. 눈을 감으면 만불萬佛의 맥적산이 육박해온다. 힘든 촬영 내내 툭 농담을 건네는 경수 형이 있고, 인자한 완벽주의자 성준 형이 카메라 앞에 있다. 내 친구이자 작가 어홍이와 우리를 모아준 고마운 큰형 윤찬규 PD가 보인다. 그때 함께 나누던 작은 농담과 함께 감탄하며 보았던 새벽의 빛과 소리는 다 어디로 사라졌을까. 가끔 듣는 그날의 소리들은 환청처럼 내 귓속을 울린다.

그날 이후 작은 스테레오 녹음기 하나를 구매했다. 여행 갈 때마다 사진보다 소리를 담아 온다. 가끔, 해남 대흥사의 새소리와 초의선사가 머물렀던 일지암一枝庵 바람 소리를 꺼내 들으며 눈을 감는다. 시각은 보이는 만큼이 전부지만 청각은 그 너머를 보게 한다. 당신도 소리 담는 일을 좋아하게 되었으면 한다. 스마트폰으로도 충분히 좋은 소리를 담을 수 있으니까. 혹시 맥적산과 이날의 소리가 궁금한 사람은 KBS 다큐멘터리 「원효, 돌아보다」를 보면 된다. 참 좋은 다큐멘터리다. 큰 상도 탔다. 내가 나온다.

카메라와
나

 그 옛날 가가호호 장롱 안에는 사진기가 모셔져 있었다. 재산 목록 상위권에 카메라가 꼽히던 시절도 있었다. 우리 집 장롱에는 '올림푸스 펜Pen'이 모셔져 있었다. 생일이나 여행 같은 이벤트 때마다 어둠 밖으로 나와 빛을 보았고 빛을 찍었다. 소풍 갈 때는 잘 챙겨 와야 한다는 다짐을 몇 번이나 받고서야 사용 허락이 떨어졌다. 나와 세계 사이를 작은 기계로 연결해 기록하는 것. 기계로 세계를 확장하는 최초의 경험이 카메라였다. 기계에 대한 관심은 이때부터 시작됐던 것 같다.
 '워크맨'이 바라보는 풍경에 음악으로 감정을 실어주었듯, 카메라는 바라보는 대상을 새롭게 해석하는 방식을 알려주었다. 은색 올림푸스 카메라를 처음 쥐던 그때의 나는 몰랐다. 언젠가 작은 사진전까지 열게 되리라는 것을 말이다. 어떤 깨달음은 아주 나중에 온다. 그때는 몰랐지만, 경험은 무의식에 쌓여 있고 훗날 해석할 지혜가 생겨나기도 한다. 사진이 세계를 해석하는 자신만의 프레이밍이라는 걸 시간이 지난 뒤 알았다. 중학생이 되었을 무렵 아버지가 미국 출장에 다녀오고 나서 장롱 속 올림푸스 카메라는 사라졌다. 그 자리를 검은색 '캐논 자동카메라'가 대신했다. 사진을 찍고 나면 필름이 전동으로 감기는 카메라였다.

대학교 1학년 때 처음 사진 수업을 들었다. 세운상가에서 43만 원을 주고 캐논 FM-2를 데려왔다. '사ː'는 일은 때로 고되지만 '사'는 일은 언제나 즐거웠다. 돈 쓰는 일은 즐겁다. 고가일수록 더욱. 아웃 포커스out focus는 신세계였다. 피사체는 도드라져 강조되고 배경은 흐려지는 놀라운 사진. 전문 사진작가의 기예라 여기던 바로 그 효과가 담긴 사진을 내가 찍을 수 있다니 우쭐했다.

사진만큼 장비 성능에 따라 결과물이 달라지는 예술도 드물다. 비싼 렌즈 쓰면 잘 나온다. 피사체 배경이 휙휙 날아가고, 야경도 태양 아래인 듯 쨍하게 빛난다. 기타 초보 연주자에게 마틴Martin이나 테일러Taylor 또는 구달Goodal 같은 최고급 기타를 쥐어준다고 연주가 멋지게 들리지는 않는다. 비싼 물감 쓴다고 좋은 그림 안 된다. 하지만 카메라는 약간의 예술적 감각과 기본 지식을 조합하면 좋은 결과물을 얻을 수 있었다. 예술적 감각이 있는 비전공자들도 쉽게 예술이라는 장르를 즐길 수 있게 한다는 점에서 카메라는 매력적인 기계다.

필름이 사라질 것이라고 했다. 코닥필름이 제약회사로 변신할 거라는 소문이 들렸다. 어디서 약을 팔겠다는 건지 안타까웠다. 후지필름이 필름의 주원료인 콜라겐을 이용해 바이오 헬스케어 분야에 진출한다는 이야기도 들려왔다. 비슷한 시기에 디지털카메라가 등장했다. 필름이 사라진 자리에 센서와 메모리가 생겨났다.

나의 첫 디지털카메라인 '캐논 ixus400'은 놀라운 장비였다. 뷰파인더를 보지 않아도 뒤에 붙은 디스플레이 창을 들여다보며 촬영할 수 있었다. 무려(?) 400만 화소, 렌즈의 조리개 값은 F2.8-F4.9. 마구 찍어댔다. 필름은 아깝지만, 메모리는 아까울 게 없었다. 옮기고 지우면 그만이니까. 여러 가지 방식으로 촬영을 시험해도 돈이 들지 않았다. 많이 해보는 것만큼 잘할 방법이 있을까? 포토샵이 일반적이지 않던 시절 보정까지 더해 싸이월드에 사진을 올린 후 그럴싸한 문장 몇 개로 폼 잡으면 나름 작가가 된 듯 으쓱했다. 일촌들은 늘어갔다. 도토리도 늘어갔다.

싸이월드에서 받은 일촌들의 칭찬에 힘입어 대단한 사진 천재라도 된 양 거금을 들여 DSLR의 세계로 입문했다. '캐논

350D'는 렌즈도 마음대로 바꿀 수 있고, 무려(?) 800만 화소였다. 요즘 스마트폰이 4,000만 화소 이상에 광학센서가 커진 것까지 따지면 코웃음이 나지만 사진은 화소와 기술로 승부하는 것이 아니었다. 돌이켜 보면 기능이 부족한 이 카메라로 좋은 사진을 많이 찍었다.

한동안 사진에 시들했던 내가 다시 카메라를 들게 된 건 다큐멘터리 「석굴암」을 촬영하면서였다. 유럽, 파키스탄, 미얀마, 중국, 인도 등지를 6개월 여 여행하게 되면서 촬영 소재가 많겠다 싶었다. 그리고 라이카Leica의 입문용 카메라 'X1'을 구매했다. 초점 잡는 속도가 다른 카메라에 비해 더뎠지만 '경조 흑백 기능'이 뛰어났고, 풍경 사진에는 강점이 있었다. 크기도 작고 가벼워 대체로 만족스러웠다. 그러나 역시 작은 단점이 거슬려 돈으로 극복하기로 했다. 중고나라에 X1을 급매로 팔고 후속 모델 X2를 구매한 것이다. 매우 만족했다. 6개월간 불상佛像의 원류를 찾아다니며 다양한 풍경을 카메라에 담았다. 6,000여 장의 사진들을 찍었고 100장 정도를 추려 작은 전시회도 열었다. 좋은 곳에 갔으니 좋은 풍경의 질료들이 사진에 담기는 건 당연했다.

2016년, 가족 유럽 여행을 계획하면서 카메라가 필요한 때가 왔다. 소형 카메라 '똑딱이'의 최강이라는 소니 RX100M4를 구매했다. 초창기 푸르딩딩한 색감으로 빈축을 샀던 소니가 카메라 시장에서 이렇게 우뚝 서다니 신기한 일이었다. 다양한 기능이 장착된 훌륭한 카메라였다. 여행에서 돌아와 다시 팔기로 마음먹었는데, 아들 선우가 사진에 흥미를 보였고, 돈이 좀 들어오던 때라 큰맘 먹고 선우에게 카메라를 선물했다. 그리고 파업이 시작됐다. 돈이 나가기 시작했다.

어느 날 아침 깨어나니 머리맡에 '라이카Q'가 웃고 계셨다. 전날 술김에 호기롭게 저지른 일이었다. 장기 파업으로 생활비도 집에 못 주던 시절에 고가의 카메라라니. 그러나 렌즈를 사면 카메라 본체를 함께 끼워준다는 그 카메라. 열심히 사진생활을 다시 시작해보자 생각했다. 색감이 놀라웠다.

그해 겨울, 선우와 나는 열흘간 오키나와에 갔다. 봄을 미리 맞으러, 또는 봄을 벌러 간 여행에서 우리는 열심히 사진을 찍었다. 각자의 카메라로 사진 배틀을 했다. 나중에 집에 와서 엄마에게 보여주고 누구의 사진이 더 좋은지 평가받자는 제안이었는데, 아직도 그 파일들은 메모리 속에 잠자고 있다.

라이카Q를 팔아 재테크를 했다. 애지중지하던 것을 팔아버린 계기가 있다. 어떤 사람의 SNS를 보다 결심한 일이었다. 사진을 잘 찍고, 고가의 카메라를 다양하게 쓰는 사람인데 사진이 늘지 않았다. 패턴이 늘 비슷하고 발전하는 모습이 없었다. 그 사진들에서 내 모습을 보았다. 남들과 엇비슷한 내용의 사진을 찍어서는 재미가 없다. 연인도 아닌데 카메라와 떨어져 있는 시간을 갖기로 했다. 창작에 대한 아이디어가 떠오를 때까지 기다리기로 했다. 사진을 향해 한 걸음 나아갈 기미가 보일 때, 사진에 대한 새로운 관점이 생길 때 다시 카메라를 잡기로 다짐했다. 사실 스마트폰 카메라가 놀랍게 발전해 조금만 신경 쓰면 SNS용으로는 넘칠 만큼 기능이 좋다. 그동안 찍어만 두고 보지 않은 사진들이나 좀 정리할까 한다. 잠시 사진 폴더를 살펴보니 많기도 많다. 사진의 뮤즈가 다시 찾아올 때까지 사진들을 분류하고 정리하는 데 시간을 보낼 생각이다.

○

여행의
눈

 틈만 나면 여행을 간다. 이방異邦에 대한 갈망이 무시로 몸속에서 울기 때문이다. 그것은 일상에 녹아버리지 않도록 발령하는 경계경보 같은 것이다. 간신한 생활로 간신히 틈을 만들고 여행을 준비한다. 몸속의 울림은 여행을 떠날 때까지 멎지 않고, 나는 어쩔 줄 몰라 한다. 삶에서 어쩔 줄 모르는 일이란 대개 어쩔 수 없는 일이다. 나의 몸은 다양한 방식으로 결핍을 토로한다. 비행기 이륙 직전 몸이 뒤로 밀리는 감각과 기차 안에서 흔들리며 음악을 듣는 기분과 민가의 골목에서 올라오는 밥 짓는 냄새와 새로운 음식을 먹을 때 생겨나는 미각의 쾌감을 그리워한다. 그리움은 결핍이고, 결핍은 병을 부른다. 병들지 않기 위해, 내 몸의 알람을 끄기 위해, 나를 지키기 위해 여행을 간다.

사진을 찍는 여행자는 두 번째 눈을 갖게 된다. 사진을 찍는 행위는 풍경의 절편切片을 떠 시간을 소유하는 일이다. 시공간을 화석으로 만드는 일이며, 사람과 사건과 시간과 빛과 공간과 나의 영혼 조각들이 어우러진 단 하나의 시점을 간직하는 일이다. 여행자가 셔터를 눌러 갓 죽는 풍경의 영정影幀을 찍을 때, 한쪽 눈을 감고 풍경 속으로 자신의 영혼을 떠나보낸다. 사진은 여행지에 흘려둔 자신의 영혼을 기념하는 일이며, 풍경과 나 사이에 영정을 만드는 의식이다. 이제는 다시 볼 수 없는 사람과 사건과 시간과 빛과 공간을 바라보던 단 하나의 시점이 사진으로 남는다.

여행에서 사진 찍기란 비단 촬영만을 뜻하지 않는다. 여행지의 장면들은 눈이라는 렌즈를 통해 몸속으로 흘러들어 나의 어둠 속에서 감광된다. 반복되는 일상을 벗어나 새로운 장면을 만나면 눈은 새로운 기관으로 작동하고, 시각 정보만을 처리하던 눈은 공감각을 받아들이는 기관으로 확장한다. 귀로 보는 풍경이 있듯, 눈으로 듣는 음악도 있고, 눈으로 맡는 냄새도 있다. 이렇게 생겨난 감정은 생활에 찌든 몸, 세포의 말단까지 도착해 새로운 감각을 나누어준다.

여행의 주된 일과는 걷는 것이다. 걷는 동안 나는 여행지 곳곳에 나의 영혼을 조금씩 떼어 둔다. 이것은 헨젤이 길에 빵가루를 떨어뜨렸듯이 다시 돌아오기 위한 의식이다. 수많은 여행지를 다녔으니 나는 세계에 흩어져 있는 셈이다. 그러므로 나의 영혼은 먼 곳에 흘려두고 온 그 영혼들의 총합이다. 그립다는 것은 나의 영혼 조각들이 나를 부르며 진동하는 감정이며 내 영혼의 일부는 드물게 만나는 당신 안에도 있다. 당신을 떠올리는 것만으로 당신의 안부를 알게 되듯, 우리는 생각만으로도 다녀온 여행지의 기분을 실감할 수 있다. 멀리 있는 나의 조각 영혼들이 한꺼번에 우는 날이 있고, 환상통처럼, 우리는 다녀온 곳을 떠올리며 다시 여행을 앓는다. 나는 여행지에 남은 나의 조각 영혼들과 교통하는 파동체가 되고 사진은 지난 시간을 연주하는 악기가 된다. 오래된 사진에서 흘러나오는 그 음악에 귀 기울인다. 다음 여행을 위한 전주곡이다.

가장 가까운
바다

　어디든 가까운 바다가 있다. 가까운 바다는 어디든 있다. 당신의 동쪽이나 서쪽, 남쪽 끝에 닿으면 그곳엔 언제나 바다가 있다. 바다는 생각보다 멀지 않았다. 몇 년 전까지만 해도 인천공항 고속도로 교통상황 전광판 밑에는 '서울에서 가장 가까운 바다 을왕리, 왕산해수욕장'이라고 적혀 있었다. 여의도에서 차를 바삐 몬다면 50분 정도 후에는 바다를 볼 수 있었다.

　　바다에 가는 길이 아니었는데도 우리들 발걸음은 결국
　　바다에 닿지 않던가.
　　_____장석남, 「바다는 매번 너무 젊어서」 중에서

꼭 바다여야 하는 것은 아니지만, 무작정 떠날 때 핑계 대기에는 바다가 좋다. 마음은 종종 바다로 휘고 우리의 발걸음은 결국 바다에 닿기도 한다.

하늘의 개황槪況을 확인하고, '오늘은 석양이 제법 좋겠군' 계산이 서면 회사에서 슬쩍 30분쯤 일찍 빠져나온다. 강변북로는 대체로 한산하다. 미리 알아둔 오늘의 낙조 시간에 속도를 맞춰 차를 몰아간다. 인천공항 램프로 빠져 달리다 샛길로 들어 제방을 따라가면 을왕리 바다가 나온다. 대부분 흐린 은빛 바다지만 언덕 아래 골목에 바다 한 조각 보이면 마음은 저절로 풀린다.

해안선을 따라 횟집과 조개구이집들이 무리 지어 있다. 호객하는 소리들을 지나치고 해안선 끝에 이르면 을왕리 어촌계에서 직영하는 조개구이집이 나온다. 바닷가 바로 옆에 붙은 가게라 창 쪽 자리에 앉으면 가장 가까운 바다를 볼 수 있다. 일몰 시각보다 조금 이르게 도착한 날은 간이 선착장에서 해가 수평선 아래 붉은 물에 풀어질 때까지 바라보기도 한다.

해가 지고 일순 사위가 파래지는 순간이 있다. 5분도 채 안 되는 푸른 시간이 을왕리를 밤으로 데려가는 것을 지켜보며 조개를 굽는다. 운전해줄 사람이 있다면 지는 해 쪽으로 술잔을 들고 노을을 담아 목을 축이겠고, 혼자라면 바지락 칼국수 한 그릇 먹고 얼마간 넋을 좀 내려놓거나, 잠시 비릿한 바닷바람 냄새에 마음을 헹구고 집으로 차를 돌린다. 아쉬움이 남으면 가까운 인천공항에 들러 어슬렁거린다.

여행을 좋아해 공항 옆으로 이사 간 사람처럼, 가끔 해외로 가는 비행기표를 검색해 결제 직전 버튼까지 도착하는 일처럼, 가까운 곳에 바다가 있다는 사실은 위로가 된다. '가고 싶다'는 건 막연한 희망이지만 '갈 수 있다'는 건 구체적인 희망이다. 운이 좋아 붉은 노을 위로 초승달이 뜬 바다라도 본다면 내일은 자연스레 좋아질 것이다. 양호한 마음을 지니게 될 것이다. 바다는 내게 가끔 들르는 양호실 같은 곳이다. 기억하자. 우리에겐 가까운 바다가 있다.

2

여행, 밀어서
잠금 해제

손가락으로
세계 여행

 여행을 참는 건 생각보다 쉽지 않았다. 일 년에 분기마다 네 번은 악착같이 가까운 해외로 숨 쉬러 가는 나인데, 팬데믹 동안 많은 여행이 미루어졌다. 사실 국내에도 갈 곳은 많고 가보지 않은 곳이 숱하지만, 해외로 여행을 가는 가장 큰 이유는 해방감 때문이다. 낯선 곳이 주는 익명성과 활력은 삶에서 포기할 수 없는 즐거움이다. 가지 않는 것과 못 가는 것은 다른 문제였다. 한동안 열지 않은 스마트폰 여행 폴더의 애플리케이션들을 살펴보며 들뜨는 요즘이다.

 가장 애용하는 여행 앱은 '스카이스캐너Skyscanner'다. 날짜만

지정하면 당일에 갈 수 있는 모든 곳을 알려주는 매력적인 에브리웨어Everywhere 검색 기능은 여행에 대한 상상력을 확장시켜준다. 숙소를 정할 땐 아고다Agoda, 트립닷컴, 부킹닷컴 세 곳을 비교하면 최저가로 예약할 수 있다. 여행지의 액티비티와 각종 티켓을 예약할 수 있는 클룩Klook과 마이리얼트립Myrealtrip, 쿠폰이 가득한 스마트 트래블Smart Travel 앱도 유용하다.

 팬데믹이 끝나가지만 여전히 나라밖 여행은 쉽지 않다. 항공료가 많이 올랐고, 마스크를 벗고 긴 비행을 떠날 자신이 아직은 없다. 10년 전부터 여행이 그리울 때면 어스 캠Earth Cam을 열었다. 세계 각지의 모습을 실시간 라이브로 볼 수 있는 CCTV를 활용한 앱이다. 요즘에는 유튜브를 통해서도 볼 수 있다. 손바닥만한 화면으로 여행지를 보며 새로운 방식의 여행을 즐겼다. 어떤 지역은 원격으로 카메라의 방향도 바꿀 수 있다. 이곳저곳 둘러보다 보면 작은 신이라도 된 기분이 든다. 근래는 4K 화질까지 지원하는 지역도 있다. 5년 전쯤 국내 바닷가의 모습만 보여주는 앱도 있었는데 아쉽게도 사라졌다. 이런 앱들의 무료 버전은 광고가 많아 보기 불편하지만 그래도 주는 즐거움에 비하면 크게 방해되는 수준은 아니다.

 구글 맵을 통해서도 가상의 도시를 체험할 수 있지만 실시간으로 훔쳐보는 기분과는 비교할 수 없다. 일종의 양성적 관

한동안 열지 않은 스마트폰
여행 폴더의 애플리케이션들을 살펴보며
다시 들뜨는 요즘이다.

음주의voyeurism다. 그밖에도 라이브 웹캠 카메라Live web cam cameras나 웹캠 월드 뷰Webcam World View 등 비슷한 앱이 많은데, 내려받는 것은 공짜니 일단 다운로드하고 취향에 맞게 정리하면 될 것이다. 램프의 요정 지니를 부르듯 손가락을 문지르면 요술처럼 떠날 수 있는 여행이 있다.

슬로우
TV

화면을 뒤덮는 현란한 자막과 그래픽, 점점 짧아지는 화면 전환으로 가득한 근래의 영상물들은 극심한 시각적 피로감을 준다. 이런 흐름의 반대편에 슬로우 TV가 있다. 편집 없이 그저 흘러가는 화면을 보여준다. 잠시 보지 않아도 흐름을 읽는 데 문제없다. 내용이 없으니까. 내용을 만드는 것은 보는 이의 몫이다. 기존 방송 프로그램에 익숙해진 시청자들은 낯설게 느낄지도 모르지만, 평양냉면의 슴슴한 맛처럼 중독성이 있다. 라디오를 켠 것처럼 다른 일을 하면서도 즐길 수 있다.

슬로우 TV를 본격적으로 시작한 곳은 노르웨이의 공영방송 엔에르코(NRK)다. 타 방송에서도 심야에 어항을 몇 시간씩 보여주는 등의 시도가 있었지만 가장 주도적으로 슬로우 TV 콘텐츠를 제작한 곳이다. 2009년 이 방송사는 노르웨이 베르겐 철도 100주년을 기념하기 위해 「베르겐 기차트랙Bergens banen」이라는 제목으로 프로그램을 만든다. 서남부 해안도시 베르겐에서 수도 오슬로까지 가는 기차에 4대의 카메라를 달고 편집 없이 실시간으로 보여줬다. 무려 7시간 20분 동안 하나의 소실점을 향하는 '익스트림 롱 테이크 컷extreme long take cut'으로 말이다.

이런 프로그램이 과연 흥행에 성공했을까? 11월 27일 금요일 밤 NRK2 채널로 방영된 「베르겐 기차트랙」은 노르웨이 국민 약 450만 명 중 120만 명이 지켜봤고, 시청률은 4배로 폭증했다. NRK 홈페이지에서 22기가 분량의 원본 파일을 내려받을 수 있다. USB에 담아 대화면 TV에 연결해 보면 좋은 화질로 노르웨이를 여행하는 기분을 느낄 수 있을 것이다.

자신감을 얻은 NRK의 슬로우 TV 전담팀 '미닛 바이 미닛Minute-by Minute'은 다양한 시도를 시작한다. 2011년 노르웨이 피요르드 해안을 따라 항해하는 유람선의 모습을 134시간 동안 방송하는데 이 프로그램은 최고 시청률 36퍼센트를 기록했다. 노르웨이 내에서 큰 화제가 되다 보니 유람선의 위치를 예측해, 사람들이 미리 나와 자리를 잡고 카메라를 향해 손을 흔드는 해프닝도 있었다. 이후 NRK는 양털을 깎아 실을 만들어 뜨개질하는 모든 과정을 8시간 동안 방영했으며, 이 과정에서 출연자가 뜨개질 스타가 되기도 했다. 2013년 2월 15일에는 밤부터 다음 날 아침까지 12시간 동안 벽난로에서 장작불을 지피는 모습도 방영했다. 또 알을 낳으려고 강 상류로 회귀하는 연어들의 모습을 18시간 동안 생중계했는데 정규방송으로 잠시 끊어지자 시청자들의 항의가 이어지기도 했다.

 사람들은 왜 슬로우 TV에 열광한 것일까. 단지 노르웨이 국민 고유의 성정性情이 반영된 결과일까? 슬로우 TV는 스토리가 없다. 심심하다. 그러나 심심함에서 상상이 시작된다. 소설을 읽듯 자신의 이야기를 겹쳐 영상에 끼워 넣게 된다. 방송이 아무 이야기도 하지 않을 때 시청자는 자신의 이야기를 시작한다. 야구를 볼 때, 투수가 다음에 어떤 볼을 던질지, 이 타자에 대한 수비 시프트는 성공할 수 있을지, 예측에 따라 아쉬워하고 열광하는 것처럼 개입할 여지가 많은 것이 슬로우 TV의 매력이다.

 세계 최초 VR 360 라이브 토크쇼를 표방한 「레드 테이블」도 마찬가지다. 2019년 KBS 아나운서실에서 기획 방송했다. 점심시간을 앞둔 오전 11시부터 한 시간 동안 아나운서실 테이블에서 4명의 아나운서가 하나의 화제로 잡담을 나눈다. 지나가던 아나운서가 자연스레 끼어들기도 한다. 방송사의 아나운서실이 궁금한 이들은 한 시간 내내 훔쳐보는 기분으로 자신이 보고 싶은 아나운서를 선택해 볼 수 있다. 스마트폰 스킨십이 일

슬로우 TV는 스토리가 없다.

심심하다.

그러나 심심함에서 상상이 시작된다.

 베르겐 기차 여행

상인 시청자들에게 일부 좋은 반응을 끌어냈다. 앞서가는 기획이었다. 내가 했다. 그러나 (나만) 아쉽게도 예산 문제로 4회만 하고 끝났다. 이 또한 슬로우 TV의 변용이었던 셈이다. 슬로우 TV는 그 역사가 10년도 넘었지만, 광고 수익에 크게 의존하는 한국의 방송사들에서 이런 시도는 사실 불가능하다. 굳이 공영방송에서 할 일도 아니다. 유튜브를 보면 되니까.

10년 전 HD에 불과하던 화질은 4K를 넘어 8K로 진화하고 있으며, 다양한 콘텐츠를 실감 나는 영상으로 즐길 수 있는 시대가 왔다. 고향을 그리워하는 일본인 친구를 위해 추천했던 슬로우 TV 콘텐츠 몇 개를 소개한다.

일본의 ANN 뉴스 채널에서 운영하는, 도쿄 시부야 스크램블 건널목 라이브에서는 종일 건널목을 건너는 사람들을 구경할 수 있다. '도쿄 라이브 카메라Tokyo Live Camera' 채널도 다양한 도쿄의 모습을 보여준다. 거리를 걷는 기분을 느끼고 싶다면 '도쿄 익스플로러Tokyo Explorer'를 추천한다. 진행자는 라이브로 거리를 걷고, 시청자는 실시간 피드백으로 미션을 주기도 한다. 일본의 사찰이나 고즈넉한 풍경이 궁금하다면 '도쿄 스트리트 뷰Tokyo Street View'도 좋은 선택이다. 세계의 힐링 영상이 가득한 '321 Relaxing' 채널, 라이브는 아니지만 러시아 철도를 중심으로 전 세계 기차여행을 보여주는 '레일웨이RailWay'도 즐겨본다. 비슷한 채널로, 북유럽 철도에 환상이 있다면 '레일카우걸RailCowGirl'도 추천한다.

  글을 쓰며 참고하기 위해 유튜브를 켰다 7시간이 지났다. 이런 시간 도둑이 바로 지금 소개한 채널들이다. 먹방을 보고 밀려오는 극심한 공복감처럼 여행에 대한 그리움이 커지는 부작용도 있겠지만 손쉽고 다양한 가상 여행이 가능하다. 슬로우TV는 기술과 장르를 가리지 않고 발전 중이다. 무엇보다 여행이 공짜다.

지도 만들기
지도

1.

학창 시절 교과서를 즐기며 읽었던 사람은 드물 것이다. 하루 8시간씩 자고 교과서 위주로 공부한 수석 합격자라면 모를까. 내가 유일하게 좋아하던 교과서는 『사회과 부도』였다. '사회 과목에 부교재로 제공되는 지도'의 준말일 것이다. 어린 나의 좁은 세계관을 넓혀준 책이다. 금성출판사에서 발행한 그 책에는 한국과 세계 곳곳의 지도가 그려져 있었다. 해발고도가 같은 지점을 연결해 지표의 높낮이를 알려주는 등고선을 처음 배울 때는 지리 전문가라도 된 듯했다. 싸구려 지구본을 돌려볼 때와는 다른 느낌이었다.

인구수 등 각종 통계를 나타낸 지도가 있었고 시대별로 역사를 담은 지도도 있었다. 목적에 따라 지도가 다양하게 존재한다는 사실을 처음 알게 되었다. 대동여지도가 현재 지도와 거의 흡사해서 놀랐다. 고구려의 영토확장 지도를 보며 이 땅이 그대로 남았다면 한반도의 역사는 어떻게 변했을까 하는 아쉬움도 직관적으로 느낄 수 있었다.

고등학생치고는 드물게 지도용 돋보기 루페Loupe를 샀었다. 지금 같으면 앱 지도를 두 손가락으로 살짝 벌리는 것만으로도 확대할 수 있지만, 종이 지도를 꼼꼼히 보기 위해서는 확대경이 필요했다. 축척을 알면 지점 간의 거리도 알 수 있었다.

지도는 내가 사는 세계를 머릿속에 간략하게 요약해주었다. 당시 학생 방에는 세계 전도를 붙여두는 경우가 많았다. 어설픈 호연지기를 담아 방문에 '이 문은 세계로 통한다' 같은 문장을 써두기도 했다. 북한산을 날다람쥐처럼 드나들던 시절, 중학교 친구 장형이는 동해에서 시작하는 등산 코스를 지도 위에 그려보다 북한까지 이어서 그리곤 했다. 월북했는지 연락이 닿지 않는 그리운 동무다.

2.

곰장어집으로 유명한 종로 공평동에는 '중앙지도문화사'가 있었다. 1966년에 개업한 오래된 곳으로 '악보' 하면 명동의 '대한음악사'가 떠오르는 것처럼 '지도' 하면 중앙지도문화사가 대표적인 장소였다. 이곳에서 좋아하는 도시의 지도 한 장을 샀던 것도 같은데 기억은 가물거린다. 다양한 축척의 지도들이 나무장 안에 차곡차곡 쌓여 있었다. '교통지도 축척 10000:1' 같은 지도책이 가장 많이 팔렸을 것이다. 내비게이션이 없던 시절에 이걸 들고 여행을 했다. 중앙지도문화사는 세가 싼 2층으로 자리를 옮겼고 이제는 전자지도에 밀려 역사 속으로 사라졌다. 그리운 공간들은 다 시간이 된다.

3.

KBS 한민족방송은 중파 972kHz, 단파 6,015kHz 로 KBS의 7개 라디오 채널 중 하나다. 일본, 중국 연변 조선족 자치주, 러시아 연해주 지역을 아우르며 북한에도 송출된다. 그래서인지 스튜디오 뒤쪽에는 북한 전도全圖가 붙어 있다. 한민족방송 뉴스를 배당받을 때면 20분 정도 먼저 도착해 이 지도를 꼼꼼히 살펴본다. 냉면집 이름 능라도, 담배 이름 양각도가 대동강의 여의도 같은 섬이구나! 평양냉면 마니아들이 꿈꾸는 옥류관과 모란각 옆에 을밀대가 있구나! 새로운 발견에 감탄해하며 시간 가는 줄 모르게 지도를 보다 뉴스 진행을 놓칠 뻔한 적도 있다. 너무 열심히 봐서, 어느 날 검은 선글라스를 낀 요원들이 팔짱을 끼워 어디론가 데려갈 것만 같다.

스마트폰의 앱 지도가 거의 유일하게 표시할 수 없는 곳이 북한이다. 지도상에 북한은 허허벌판처럼 아무것도 보이지 않는다. 정교한 지도 앱으로도 볼 수가 없다. 한민족방송 스튜디오에는, 한 시간 남짓이면 닿을 수 있지만 결코 갈 수 없는 곳의 지도가 걸려 있고 나는 종종 그곳을 향해 뉴스를 보낸다.

4.

2005년 '구글 어스Google Earth'가 처음 등장했을 때의 놀라움을 잊지 못한다. '어스셋Earthsat' 사의 위성사진을 사용하다 발전을 거듭한 구글 어스는 VR 서비스도 제공한다. 나는 멈춘 듯한데 세상은 SF 영화의 상상력을 넘어 끊임없이 나아간다. 10년 전부터 출장 다닐 때마다 구글 맵을 본격적으로 사용했고 다녀온 곳들의 좌표를 찍어두었다. 지금 돌아보면 살면서 드물게 잘한 일 중 하나다. 가끔 지도를 열어 추억한다.

여행을 다녀와서나 여행을 가기 전에도 구글 맵은 유용하다. 나만의 지도를 만들 수 있기 때문이다. 창의적인 여행 경로를 만들어 다른 사람들과 공유할 수도 있다. 지도의 이름을 붙일 수 있고, 좌표마다 예쁜 색과 아이콘으로 나만의 지도를 꾸밀 수도 있다. 스마트폰보다는 PC 활용을 추천한다.

구글 맵 로그인 → 내 장소 → 지도 → 지도 만들기 시작

방문한 곳이나 방문할 곳의 좌표들을 이어서 여행 경로를 만들 수도 있으며, 동영상이나 사진도 추가할 수 있으니 여행을

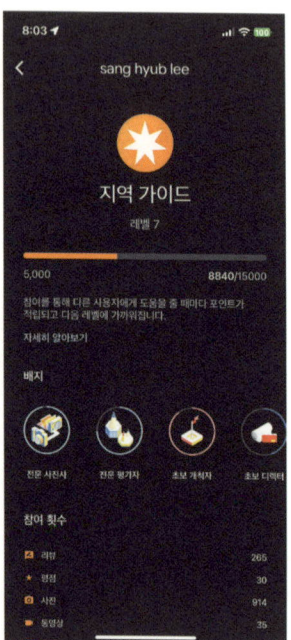

출장 다닐 때마다 구글 맵을
본격적으로 사용했고 다녀온 곳들의 좌표를 찍어두었다.
지금 돌아보면 살면서 드물게
잘한 일 중 하나다. 가끔 지도를 열어 추억한다.

기록하기에 그만이다. 드라마에 나오는 맛집과 촬영 장소 등을 지도로 만들어 공유하는 사람들도 많아지고 있다. 나의 경우 그들이 정리한 계정을 팔로우하고 해당 지역을 방문할 때 편리하게 찾아보곤 한다. 정성이 뻗친 '덕후'들의 세상은 늘 놀랍다.

구글 맵에서 재미있는 요소 중 하나는 '지역 가이드' 활동이다. 나는 현재 7레벨로 중상위권에 속한다. 리뷰를 쓰고, 사진을 올리고, 새로 생긴 곳과 누락된 장소를 제보하면 조회수 또는 미션 수행에 따라 점수가 올라간다. 그리고 일 년에 한 번 미국 구글 본사가 개최하는 지역 가이드 모임에 선정될 기회가 주어진다. 항공료와 숙박료는 무료다. 뽑힐 가능성은 매우 희박하겠지만 의미 없는 스마트폰 게임으로 시간을 죽이는 것보다는 훨씬 생산적인 일이 될 것이다.

나만의 비밀 장소들을 이어 이름을 붙이고 지도를 만드는 것도 재미있겠다. 지금 나는 어디 있는지 궁금할 때, 앱의 '내 위치 찾기'를 눌러본다. 술집이 자주 나온다. 『사회과 부도』에 그려진 지도들이 목적에 따라 다양했듯 현재 각자의 삶을 보여주는 지도도 있으면 좋겠다. 아니다, 별로 보고 싶지 않아졌다.

여행
라디오

　인터넷이 없던 시절에는 해외 방송을 수신하려면 단파 라디오가 필요했다. 수신되는 전파는 크게 중파, 초단파, 단파로 구분되며 각기 장단점이 있다. 멀리까지 가는 중파를 주로 이용하는 AM, 음질이 좋고 스테레오 구현이 가능한 초단파인 FM, 그리고 단파는 상공의 전리층에 반사돼 5,000킬로미터 이상의 먼 거리까지 도달한다. 운이 좋으면 지구 반대편 호주의 라디오 방송을 들을 수 있다. 몇 번 어설픈 시도를 해봤지만 성공한 적은 없다. 실외로 안테나를 연결해야 하는데 번거롭고 성공률도 낮기 때문이다. 단파 라디오는 한때 남파 간첩들의 '필수템'이었다. 옛 TV 드라마 「수사반장」을 보면 골방에서 이불을 뒤

집어쓰고 단파 라디오를 수신하는 간첩의 모습이 단골 장면으로 나왔다. 1993년 이전까지는 소지 자체가 불법이었다고 한다.

   세상이 나빠진 만큼 좋아지는 것도 생겨난다. 이제 애플리케이션으로 전 세계의 라디오를 들을 수 있는 시대다. 내가 가장 자주 쓰는 것은 '튠인 라디오TuneIn Radio'다. 전 세계 10만 개 이상의 라디오 채널을 들을 수 있다. 무료와 유료 버전이 있는데 녹음이 필요하지 않으면 굳이 구매할 필요는 없지만, 활용도가 높아 무료 이용에 죄책감을 느낄 정도다. 음악 종류는 물론 지역별·언어별 분류에 팟캐스트 듣기도 가능하며 자주 찾는 채널은 즐겨찾기에 저장해둘 수 있다. 알람과 타이머 기능도 있다. 내가 튠인 라디오에서 가장 즐겨 찾는 방송은 뉴욕의 재즈 채널 'WBFO HD2'와 '쇼난 비치 FMShonan Beach FM'이다. 대부분 두 채널을 번갈아 듣는다.

   쇼난은 일본 가나가와神奈川 현의 해안지대다. 쇼난 비치 FM 방송국은 영화 「바닷마을 다이어리」와 만화 『슬램덩크』의 배경이 됐던 가마쿠라鎌倉 옆 동네인 즈시逗子에 있다. 서퍼들도 자주 찾는 곳이다. 해변과 시내 중심가 두 곳에 스테이션이 있는데, 해변이 바라다보이는 스튜디오가 인상적이다. 홈페이지에서는 '라이브 카메라'를 연결해 요트가 떠 있는 항구와 바다를 실시간으로 보여준다.

내가 있는 주변 공기를
이국의 소리로 채운다면 여행의 기분은 생겨난다.
음악과 함께 외국어가 흐르고,
언어를 알아듣지 못하는 마음은 여행에 가깝다.

이 방송국의 시작이 흥미롭다. 바바 야스오馬場康夫 감독의 영화 「파도의 수만큼 안아줘」에서 출발한다. 이 영화는 쇼난의 여름 바닷가를 배경으로 펼쳐지는 청춘 남녀의 사랑을 그렸다. 우리에게 영화 「러브레터」로 알려진 주연배우 나카야마 미호中山美穗는 FM 라디오 KIWI 채널의 DJ로 출연한다. 젊고 아름답고 새까만 배우 나카야마 미호를 만날 수 있다. 연탄을 몸에 바른 듯 선탠한 그녀지만 역시 아름다웠다. 영화에 나오는 가상의 라디오 스테이션을 실제로 만든 것이 쇼난 비치 FM이다. 일본 총무성의 지원을 받아 1993년에 개국했고, 지역 방송의 대표적인 성공사례로 꼽힌다. 12월에는 한 달 내내 다양한 캐럴을 틀어주는데, 크리스마스 분위기를 제대로 느낄 수 있다.

또 하나의 아끼는 앱은 '라디오 가든Radio Garden'이다. 아이콘을 누르면 지구본이 펼쳐지고 방송국들이 지도상에 초록색 점으로 표시된다. 구글 어스와 라디오 앱이 결합한 인터페이스다. 직관적으로 내가 가고 싶은 곳의 지도를 찾아 방송을 들을 수 있는 것이 장점이다. 처음에는 조악한 지구본 모양이었는데 나름 깔끔한 인터페이스로 업그레이드되었다. 튠인 라디오와 마찬가지로 자주 찾는 채널을 저장할 수 있고 나라명·도시명으로도 검색할 수 있다.

인간은 소리 자극에 민감하다. 내가 있는 주변 공기를 이국의 소리로 채운다면 여행의 기분은 생겨난다. 음악과 함께 외국어가 흐르고, 언어를 알아듣지 못하는 마음은 여행에 가깝다. 익숙한 공간으로 낯선 공간이 흘러든다. 오랜만에 튠인 라디오 앱을 켠다.

트럭
드라이버

　E는 유럽의 트럭 운전사가 로망이라고 했다. 처음 듣는 이야기였다. 땅이 넓은 유럽과 미국에는 운송을 위해 장시간 운전하는 대형 트럭 운전사들이 있고, 멋진 풍경 속에서 일 년 정도 일하며 지내보고 싶다고 했다. 가능성은 적지만, 체 게바라의 말처럼 불가능한 꿈을 꾸는 리얼리스트가 되는 자신을 상상하는 일은 즐겁다고 했다.
　커피를 한 모금 삼킨 후 E는 구체적인 이야기를 이어갔다. 국제도로운송연합IRU 자료에 따르면 유럽에서는 전문 화물차 운전자가 매년 줄어드는 추세며, 영국도 노르웨이도 사정은 마찬가지라고 했다. 미국트럭운송협회ATA도 사정은 마찬가지며 예전과 비교해 화물차 운전자 수가 현저히 감소했는데, 그것의 가장 큰 이유는 먼 거리를 장시간 운행해야 한다는 '선입견' 때문이라고 했다. 생각보다 운전기사에 대한 복지와 수당이 좋아졌다는 말도 덧붙였다.

트럭 운전자의 생활이 궁금해 다큐멘터리 한 편을 찾아봤다. 제목은 「길 위의 삶, 북아메리카 트럭커 부부」이다. 1년 중 300일을 길 위에서 먹고 자며 달려야 하는 삶이었다. 5.5일 동안 5,500마일(8,850킬로미터)을 달려 캐나다 5개 주를 왕복해야 한다. 하루 10~11시간 1,700킬로미터를 달려야 겨우 운송 시간을 맞출 수 있다. 서울과 부산을 하루 두 번 왕복하는 셈이다. 폭설로 전복된 트럭들을 뒤로하고 로키산맥을 넘는 부부의 모습은 익스트림 스포츠를 업으로 삼은 사람의 표정과 닮아 있었다. 정해진 시간 안에 트레일러에 실린 물건을 배달해야 하는 그들은 시간이 돈이라고 했다. 밥 먹는 한 시간이면 60마일을 더 갈 수 있으니 차에서 끼니를 해결하며 달리고 달린다고 했다. 로망은 현실에서 이루어지기가 참 어렵다는 생각이 들었지만, 게임으로 체험할 수 있으면 좋겠다고 생각했다.

> 도로의 왕 트럭 기사로서 유럽을 여행하며 놀라울 정도의 거리를 주행하여 중요한 화물을 전달하십시오! 영국, 벨기에, 독일, 이탈리아, 네덜란드, 폴란드 등 탐험하게 될 도시들에서 당신의 인내심과 기술 그리고 속도 모두 한계까지 밀어

붙여서 질 것입니다. 자신이 있다면 직접 증명해보십시오!

시뮬레이터 게임 '유로 트럭Euro Truck' 홈페이지 전면에 떠 있는 홍보 문구다. 자동 번역이라 문장이 참 어색하고 거창하다. 유로 트럭 시뮬레이터는 운송회사 경영 시뮬레이션으로 실제 화물차 기사처럼 운송사로부터 의뢰를 받아 화물을 운송해 돈을 버는 게임이다. 운송 수익으로 상점에서 차량을 새로 구입하거나 정비소에서 차량을 업그레이드할 수 있다. 화물을 운송하면서, 정교한 그래픽으로 표현되는 유럽 전역의 경치를 구경할 수 있다. 화면 갈무리를 하면 실제인지 게임인지 구분이 안 될 정도라고 한다. 현지 라디오도 들을 수 있다.

빨리 운송하는 것이 목표가 아니라 얼마나 손상 없이 화물을 운송하는지가 중요하다. 운송하다가 교통 법규를 위반하거나 다른 차량과 충돌하면 벌금도 나온다. 차량이 전복되면 수리 비용이 많이 나오는데, 파산하면 게임이 끝날 수도 있다. 현실감 넘치는 게임이다. 일출·일몰 시각도 현실과 똑같이 구현했다. 계절적 배경은 여름인데 북유럽을 달릴 때 백야 현상도 경험할 수 있다. 이 게임을 해본 사람들은 단순히 화물을 운송하는 것뿐인데 묘한 중독성이 있다고 모두 입을 모은다. 미국에 가고 싶은 사람이라면 '아메리칸 트럭 시뮬레이터ATS'도 좋은 대안이 될 것이다. 두 게임 모두 10만 원가량의 핸들 세트를 사면 더욱 실감 난다고 한다.

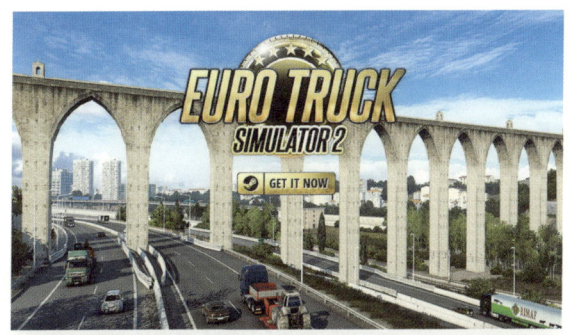

E는 유럽의 트럭 운전사가 로망이라고 했다.
가능성은 적지만, 체 게바라의 말처럼
불가능한 꿈을 꾸는 리얼리스트가 되는 자신을
상상하는 일은 즐겁다고 했다.

달리는 놈 위에 나는 놈으로 스케일을 키워보고자 하는 분들을 위해 준비했다. 가상 비행 조종체험이 가능한 마이크로소프트 사의 '플라이트 시뮬레이터Flight Simulator'다. 어느 게임 평가 사이트에서는 인기 게임 '모여 봐요 동물의 숲'보다 점수가 높다. '엑스플레인 11X-plane 11'도 놀라운 비행 시뮬레이션 게임이다. 버드 스트라이크(조류 충돌)나 악천후까지 설정할 수 있어 같은 경로에서도 게임할 때마다 새로운 기분을 준다고 한다. 보잉 737, 에어버스 320 등 조종석 모습을 거의 완벽하게 묘사해놓은 데모 영상을 보면 감탄만 나온다. 여기에 VR 헤드셋까지 착용한다면 말 그대로 신세계가 따로 없다.

운전이 귀찮다면 승객으로 탑승하는 시뮬레이션 게임도 있다. '에어플레인 모드'라는 이 게임에서 플레이어는 이코노믹 승객이 된다. 그리고 6시간을 탑승해 영화도 보고 가상 기내식도 먹는다. 이런 게임을 진짜 하는 사람이 있다는 얘기다. 내가 설명만 하고 게임 소감을 적지 못하는 건 아직 어떤 게임을 할지 결정 못 했기 때문이다. 이걸 다 샀다가는 앞으로 원만한 가정 생활이 어려워질 수 있으니까.

국적이나
바꿔볼까

 왜 우리는 나라를 선택할 기회가 없을까? 어리석은 질문이지만 한편 궁금하기도 하다. 우리는 부모를 통해 이 세상에 왔다. 그럼 부모에게 태어나기 이전은 무엇이었을까? 파드마삼바바가 쓴 『티베트 사자의 서』의 이야기를 빌려오자면, 깨달음을 얻지 못한 우리는 랜덤으로 이 세상에 와서 좌충우돌 표류하며 지겨운 윤회를 겪고 있는 것이다. 지구인에게는 대개 하나의 국적이 주어진다. 원정 출산으로 태어난 아이라면 성인이 되어 선택권이 생기겠지만, 다른 경우는 없단 말인가? 비행기에서 태어났다면 얘기는 달라진다.
 비행기에서 태어난 아이에겐 어떤 국적 선택권이 주어질까?

단순하게 부모의 국적에 따른다고 생각할 수도 있겠다. 항공기의 국적이나 비행기가 착륙하는 나라, 아이가 태어난 시점에서 비행기가 지나던 영공에 따른 영향은 없을까? 태어난 곳을 따르는 속지주의, 부모의 국적을 따르는 속인주의, 그리고 태어날 때의 영해나 영공을 따지는 기국주의 같은 규정이 나라마다 다르게 적용되니 복잡하다. 기국주의는 공해상의 배나 항공기 또는 그 탑승원들의 소속 국가가 관할권을 갖는다는 국제법상의 일반 원칙이라고 한다. 참고로 기국주의를 표방하는 나라는 34개국이다.

벨리즈, 바베이도스, 아르헨티나, 앤티가 바부다, 베네수엘라, 볼리비아, 그레나다, 브라질, 과테말라, 가이아나, 도미니카 공화국, 온두라스, 말레이시아, 레소토, 컬럼비아, 캐나다, 니카라과, 멕시코, 파나마, 페루, 파키스탄, 파라과이, 루마니아, 세인트크리스토퍼 네비스, 세인트루시아, 살바도르, 세인트빈센트 그레나딘, 칠레, 피지, 우루과이, 미국, 자메이카, 에콰도르, 트리니다드 토바고. 읽으라고 적어놓은 건 아니다.

2008년의 마지막 날 우간다 국적의 여성이 네덜란드에서 미국으로 가는 비행기에서 출산했다. 당시 비행기는 캐나다 영공을 날고 있었다. 이 아이는 몇 개의 국적이 생길까? 결론부터 말하면 엄마의 국적인 우간다, 미국행 비행기이므로 속지주의에 의거 미국, 기국주의에 따르면 캐나다까지 세 개의 선택지가 생기는 것이다. 적어도 두 개 나라의 복수 국적자가 될 수 있었을 것이다. 부럽다. 어떤 항공사는 비행기에서 태어난 아이에게 평생 비행기를 무료로 이용할 수 있는 특전을 주기도 한다니 더욱 부럽다. 그럼 아이가 달에서 태어난다면? 1967년 발효된 우주조약Outer Space Treaty에 따라 달을 포함한 지구 이외의 다른 천체는 어떤 나라도 자국의 영토라 주장할 수 없다. 일론 머스크가 처음 화성에 가더라도 소유권은 없다는 말이다. 이때 속지주의 국가의 국민은 무국적자가 된다.

국적이라도 바꾸고 싶은 때가 있었다. 나라 꼴이 말이 아니라고 생각했다. 방송국의 파업 장기화로 긴 시간 스트레스를 받다 보니 별생각이 다 들었다. 시인들의 정치적 망명을 받아주는 나라도 있다던데, 시인을 존자尊者로 대하는 카자흐스탄 같은 나라에 가볼까? 30초 정도 잠깐 생각했다. 그러나 삼수 끝에 어렵게 들어온 직장을 떠날 수 없었다. '정신 승리'를 해서라도 위로받고 싶은 시절이었다. 그러던 어느 날 다큐멘터리 더빙을 하다 재미있는 내용을 보았다. 에스토니아에서는 외국인에게 시민권을 준다고 했다. 인터넷에서 가상 국가를 만들어 망명하는 것은 봤는데, 대체 이건 뭘까 궁금했다. 폭풍 검색에 들어갔다.

에스토니아에 가본 적이 있다. 핀란드 헬싱키에서 배를 타고 수도 '탈린Tallinn'까지 두 시간 남짓이면 닿는다. 헬싱키 사람들은 면세 술을 사러 탈린에 가기도 한다. 에스토니아 탈린에는 고색창연한 중세가 남아 있었다. 그저 비슷한 유럽 도시 중 하나라고 생각했는데, 웬걸 2000년부터 세계 최초로 전자정부(e-에스토니아)를 시작했고 행정뿐 아니라 교통, 의료, 금융 등 많은 분야의 서비스를 전산·정보화한 국가였다. 블록체인 기술을 이용해 투표하는 나라이고, 대중교통이 무료인데다 한국 못지않은 인터넷 강국이다. '노키아'의 나라 핀란드 옆 동네답다.

전자시민권은 누구나 디지털 가입을 통해 에스토니아 시민이 될 수 있도록 해주는 것이다. 우리나라에 거주하는 사람이 전자시민권을 발급받게 되면 한국에 있으면서도 EU에서 사업하는 게 가능해진다. 통장 개설도 된다. 신용카드도 만들 수 있다. 실제 거주하는 것과 투표 빼고는 모든 게 가능하다. 심지어 시민권의 모양도 에스토니아 사람들이 사용하는 것과 같다.

2016년 나는 증명사진을 준비하고 수수료 100유로를 신용카드로 시원하게 결제했다. 단돈 100유로에 6개월 뒤면 에스토니아 시민이 된다며 호쾌하고 거만하게 웃었다. 이-레지던시(e-residency) 카드는 나라별로 보내주는데 발급 당시 우리나라는 사무소가 없었기 때문에 도쿄 사무소로 지정해두었다. 그러나 생활은 나를 놓아주지 않았다. 도쿄에 갈 수 없었다. 그때 이메일로 연락을 받았다. '야, 너 카드 안 찾아가서 에스토니아로 다시 보냈어. 에스토니아로 오면 줄게.' 역시 다른 나라의 시민이 되는 건 어려웠다. 훗날 내가 정보를 알려주었던 친구 승현이만 에스토니아 시민이 되었다. 한국에도 종로에 사무소가 생긴 것이다. 에스토니아 사람처럼 생긴 승현이에게 축하를 건넸다. 거만한 표정이었다.

취준생과 수험생분들! 이거 자기소개서에 한 줄 넣기 정말 좋다. 얼른 에스토니아 시민이 되시길 바란다. 무엇보다 삶의 분위기 전환이 필요한 독자들이여, 4차 산업이 중심인 에스토니아 시민이 되어보는 것은 어떤가. 미용실을 가는 것보다 훨씬 효과적인 기분 전환이 아닐까? "무슨 한국 사람이 매운 걸 못 먹나?", "애국심 좀 가져봐라." 이렇게 말하는 이들에게 숨겨둔 마패처럼 에스토니아 시민증을 보여주며 말하자.

"나 에스토니아 시민이다. 떼레tere(안녕)!"

에스토니아 시민 되기

에어플레인 모드

프리퀄

80년대 중반 김포국제공항은 울음바다였다. 환영의 울음과 환송의 울음이 번갈아 푸른 맞배지붕을 울렸다. 1989년 해외여행 자유화가 되기 전까지는 외국으로 나가기가 쉽지 않았다. 신원보증을 위한 각종 서류가 필요했고 복잡한 절차를 거쳐야 했다. 해외여행 자체가 어려운 시절이니 공항 가는 일도 드물었다.

80년대 초반, 외가는 외삼촌의 건강 때문에 이민을 택했다. 불치병을 치료하기 위한 유일한 방법이었다. 외가가 미국으로 이민한 날부터 엄마는 일주일 동안 안방을 잠그고 울었다. 뇌종양 때문에 살날이 얼마 안 남았다던 외삼촌은 아직 건강하시다. 다행히 오진이었다.

 일 년에 한 번 외할아버지와 외할머니를 마중하러 공항에 갔다. 드물게 택시를 타보는 날이었다. 효과를 알 수는 없었지만, 엄마는 멀미 방지용으로 오징어 다리를 준비했다. 공항에 도착하면 엄마는 1층 스낵바에서 토마토 주스와 햄버거를 사주셨다. 긴 바bar에는 검은색 둥글고 높은 의자가 고정되어 있었다. 토마토 주스는 케첩에 물 탄 맛이었고, 햄버거의 푹신한 빵 사이에는 얇은 쇠고기 패티 한 장, 오이 피클, 양상추에 케첩과 마요네즈가 버무려져 있었다. 지금 기준으로는 햄버거라 부르기 민망한 내용물이지만 그땐 공항에 가는 즐거움 중 하나였다. 허겁지겁 맛있게 먹었던 건 특별한 공간이 주는 특별한 기분 때문이었을 것이다.

 분주하고 설레는 낯선 기분. 공항 특유의 공기와 외국에서 돌아오는 사람들에게서 나는 냄새는 어린 내게 동경을 심어주었다. 외조부모가 가져온 미제 학용품과 옷가지에서도 특유의 냄새가 났다. 섬유유연제 향 같은 것이었는데 여동생 상화와 나는 미국 냄새라고 불렀다. 가끔 이태원 같은 곳에서 그 냄새가 끼쳐오면 어린 날의 공항이 생각난다.

 어린 시절 텔레비전에서 대한항공 광고가 나올 때면 공항이 그리웠다. 음악은 아니타 커 싱어즈Anita Kerr Singers의 「웰컴 투 마이 월드」. 광고 모델은 편안한 자세로 누워 하늘을 즐기고 있었다. 나는 언제쯤 비행기를 타볼 수 있을까. 마당 위를 지나 김포 쪽으로 긴 비행운을 그리는 비행기를 바라보며 비행기가 데려다주는 세상을 상상했다. 천국 같고 기적 같은 곳일 것만 같았다. 그리고 그곳은 공항에서 시작된다는 것을 알게 되었다. 그렇게 공항을 배우고 그리워하는 사람으로 자라났다.

>Welcome to my world,
>
>won't you come on in
>
>Miracles I guess, still happen now and then.
>
>나의 세상으로 오세요.
>
>들어오지 않을래요?
>
>기적은 여전히 가끔씩 일어난답니다.
>
>———아니타 커 싱어즈, 「웰컴 투 마이 월드」 중에서

공항
가는 길

공항에 간다. 여행을 떠나기 위해서도 가고 일 없이도 간다. 계획 없이 공항버스 타는 걸 좋아한다. 1인석 쪽에 앉아 창문에 머리를 기대고 계절에 맞는 음악을 플레이한다. 102.7Mhz 이글 FM도 좋은 선택이다. 한국어가 한 마디도 안 나온다. 날이 좋아도 날이 좋지 않아도 모든 날이 좋았다. 낮도깨비처럼 공항으로 가는 중이니까. 좌석 앞 포켓에 들어 있는 면세점 쿠폰을 만지작거리다 절단선을 뜯어 부적처럼 지갑에 넣으며 중얼거린다. "올해는 비행기를 자주 탈 수 있기를."

영종도 부근을 지날 때 갯벌 위에 펼쳐진 칠면초七面草 바라보는 것을 좋아한다. 녹색에서 적자색으로 변해 있을 때, 나는 여름에 있구나 알게 된다. 영종대교는 일상과 여행을 분리해주는 비밀통로 같다. 다리를 넘어가는 동안 묘한 쾌감이 전기처럼 몸에 흐른다. 삼한시대 소도蘇塗로 도망치는 죄인처럼 짜릿하다. 루시드 폴의 노래 가사처럼 "살아가는 게 나를 죄인으로" 만든다. 때때로 삶은 잘못한 일 없이도 우리를 죄인처럼 움츠러 들게 한다. 한없이 작아지는 날, 공항으로 도망쳐야 한다. 이상한 죄책감을 털어내는 곳이 영종대교다.

인천공항은 영종도와 용유도 사이에 있다. 간척해서 두 섬을 잇고 비행기의 섬이 되었다. 1992년 설계 당시 인천국제공항은 미국의 '하츠필드 잭슨 애틀랜타 국제공항'을 모델로 삼았다고 한다. 공항의 자동문이 열리면 A-M 13개의 수속 카운터가 부채꼴로 펼쳐진다. 먼저 푸드코트가 있는 지하로 내려가 커피를 사 들고 마음 가는 대로 기웃거린다.

"쉬는 날엔 가끔 공항에 놀러 가요"라고 말하면 별난 사람 취급을 받는다. "거기 뭐가 있는데?"라고 묻는 당신에게 나는 광신교의 전도자처럼 공항놀이(?)의 좋은 점에 대해 반나절 동안 답할 수도 있다.

"공항에는 없는 것이 없어요. 호텔도 있고 CGV 극장도 있죠. 병원도 있고요. 식물원도 있습니다. 심지어 찜질방 분위기의 목욕탕도 있죠. 푸드코트도 다채롭습니다. 제2터미널에는 평양냉면을 먹을 수 있는 평화옥도 있으며, 줄 서지 않고 쉐이크

쉑 버거도 먹을 수 있죠. 한때 겨울엔 스케이트도 탈 수 있었답니다. 포켓몬도 잘 잡히는 곳이죠. 무엇보다 여긴 비행기가 있죠"(마포구/공항 마니아 이상협 씨).

공항은 가장 빠르게 멀리 떠날 수 있는 곳이다. 하루 20여 만 명의 사람들이 공항에서 떠나거나 돌아온다. 정해진 삶의 궤적을 사뿐히 넘어서는 시작점으로서 공항은 충분히 매력적인 공간이다. 차르르 소리를 내며 시간과 장소를 바꾸는 아날로그 타임 테이블은 사라졌지만, 디지털 화면 속 도시들의 이름만으로도 가슴은 두근거린다. 알랭 드 보통은 『공항에서 일주일을』의 출발편에서 타임 테이블에 대해 이렇게 적었다.

이 스크린은 무한하고 직접적인 가능성의 감정을 포함하고 있다. 우리가 충동적으로 매표소에 다가가 몇 시간 안에 창에 셔터를 내린 하얀 회반죽 집들 위로 기도 시간을 알리는 외침이 울려 퍼지는 나라, 우리가 전혀 모르는 언어를 사용하는 나라, 혹은 우리가 누구인지 아무도 모르는 나라로 떠나는 일이 얼마나 쉬운지 보여주고 있다. 목적지의 세부 정보가 없다는 사실 때문에 오히려 초점이 맞지 않는 노스탤지어와 갈망의 이미지들이 흔들리며 떠오르기 시작한다.
_____ **알랭 드 보통, 『공항에서 일주일을』 중에서**

다른 나라로 떠나는 일이 쉽다니. 보통 사람들은 꿈으로만 간직할 이야기지만 보통은 보통 부자인 게 아닌가 보다. 부럽다. 어쨌든 타임 테이블 속 가보지 못한 목적지들에서 노스탤지어를 느껴보는 일은 아련한 흥분을 자아낸다.

제2터미널보다 제1터미널을 좋아한다. 대부분 이곳에서 출국을 했기 때문에 추억이 두터이 쌓인 공간이다. 2층은 입국장이고 3층이 출국장이다. 2층은 아쉽고 3층은 설렌다. 공항에서 내가 가장 좋아하는 곳은 비행기가 잘 보이는 일반구역 4층의 전망대다. '한국문화거리' 옆에 정자 '만경정'도 있고, 전망대로 오는 통로에서 통유리를 통해 면세구역도 볼 수 있다.

큰 창문 아래 평상에서 트인 시야로 계류장에 주기駐機된 비행기를 어항 들여다보듯이 바라보며 멍한 시간을 보낼 수 있다. 견인차인 터그카Tug Car나 토잉카Towing Car에 이끌려 동력을 끈 채로 어디론가 끌려가는 비행기의 뒷모습을 바라보는 일도 가능하며, 짐차인 로더Loader가 끌고 가는 컨테이너가 어느 비행기로 가는지 알아맞히는 일도 공항 구경의 잔재미다.

계단을 만들어주는 스텝카Step Car를 비행기에 어떻게 연결하는지, 게이트와 비행기 문을 연결하는 간이 통로는 어떻게 도킹하는지도 흥미롭게 볼 수 있다. 순한 개처럼 느리게 땅을 배회하다 활주로에서 굉음을 내며 순식간에 공중으로 부양하는 200여 톤의 기체는 언제 보아도 마술 같다. 관제탑에서는 관제사들이 오케스트라의 지휘자처럼, 내리고 떠오르는 비행기의 길들을 열어주겠지.

비행기를 타러 공항 가는 날, 특별히 좋아하는 공간은 공항 라운지다. 비즈니스석을 탈 때 갈 수 있는 라운지가 시설도 가장 좋고 한산하지만, 탑승객이라면 누구나 신용카드 혜택으로 이용할 수 있는 '허브라운지Hub Lounge'와 워커힐 호텔 직영인 '마티나라운지Matina Lounge'도 있다. 두 곳 모두 공항공사에서 운영한다. 여행의 전 과정을 즐기는 사람이 많아지면서 공항 라운지는 예전보다 많이 붐빈다. 나는 그곳에서 여행서를 읽거나 메모지에 시詩의 자투리 문장을 적는 것을 좋아한다. 내분비학계에는 보고되지 않은, 공항에서만 작용하는 호르몬이 있나 보다. 공항에서 얻어온 문장들은 좀처럼 버리지 않게 된다. 라운지의 꽃은 술이다. 합법적인 낮술을 즐길 수 있는 드문 공간이다. 심지어 아침술도 먹어봤다. 행복했다.

면세점은 심리적 측면에서도 놀라운 배치다. 이유는 이렇다. 출구에서 여권과 비행기표를 확인하고 검색대를 지나는 시간은 매번 긴장된다. 설렘 섞인 약간의 초조함이 유발된다. 검색대 앞에서 갖은 소지품과 가방을 올려놓고 바구니가 엑스레이를 통과하는 동안 혹시 물건 하나가 금지 품목으로 걸리지 않을까 괜히 걱정한다. 양팔을 벌리고 검색봉으로 수색 받을 때도, 출국 심사대에서 여권 확인하는 시간이 길어지는 것 같을 때도 우리는 이상한 종류의 불안을 느낀다. 그리고 출국 심사

큰 창문 아래 평상에서 트인 시야로
계류장에 주기된 비행기를 어항 들여다보듯이
바라보며 멍한 시간을 보낼 수 있다.

대를 통과하는 즉시 안도감과 더불어 밀려오는 해방감을 느끼게 된다. 멕시코 국경을 무사히 넘은 범인처럼 말이다. 이런 감정의 보상으로 '뭐라도 좀 사야지'라는 생각이 무의식적으로 든다. 이런 심리 흐름으로 인해 면세점은 구매자에게 최고의 쇼핑 공간이 된다. 세금도 안 낸다.

나의 눈으로 나를 바라볼 수 없듯, 공항에서는 공항을 바라볼 수 없다. 멀리서 곁눈질하며 당신을 바라보듯, 사랑의 눈으로 당신을 눈독 들이듯, 가끔 멀리서 공항을 바라보고 싶을 때가 있다. 인천국제공항 서쪽에는 야트막한 '오성산五聖山'이 있고 그 중턱에 자그마한 전망대가 있다. 공항에서 차로 10분 거리다. 짧은 운영시간(10:30~16:00)이 아쉽지만, 전망대의 데크 앞에서 인천국제공항의 전경은 물론 제1터미널, 탑승동, 제2터미널과 관제탑, 계류장 등을 한눈에 볼 수 있다.

공항을 좋아한 나머지

1.

공항을 매우 좋아한 나머지 공항에서 단기 아르바이트라도 하면 어떨까 생각해본 적 있다. 물론 지금 다니는 회사에서 정년을 꽉 채울 예정이지만, KAS(한국공항) 홈페이지에 접속해 채용 안내와 채용 시 복지 혜택을 찾아본 적 있다. 근속 25년, 미주 근속은 30년이면 유럽 여행을 지원해준다고 한다. 하지만 좋아하는 것이 일이 되어버린다면 설렘의 장소인 공항이 일상이 되어버리겠지. 덤덤해지겠지. 이제는 여의도 한강공원에서 캔맥주를 마시지 않는 나처럼 말이다.

예전이 지금보다 좋았던 점 중 하나는 세상을 잘 몰랐다는 것이다. 지금이야 무엇을 봐도 대부분 조금씩 아는 것투성이지만, 모르는 세상은 환상이라는 빛을 업고 언제나 반짝였다. 비행기를 타보지 않은 어린 내가 비행기에서 작은 창을 통해 세상을 내려다보는 상상을 하던 것과 비행기를 많이 타본 내가 비행기를 그리워하는 것은 방향이 다르다. 현실은 늘 상상을 넘지 못한다.

2.

공항을 매우 좋아한 나머지 하루 묵어볼까 생각해본 적 있다. 그런 의미에서 알랭 드 보통이 몹시 부러웠다. 그는 2009년 여름 영국 히드로공항 관계자의 초청으로 일주일 동안 공항의 모든 장소를 자유롭게 다닐 수 있는 특권이 생겼다. 그리고 그곳의 사람들과 공간에 대한 이야기를 책으로 썼다. 그 책이 바로 『공항에서 일주일을(히드로 다이어리)A Week at the Airport』이다. 나는 그처럼 유명한 작가가 아니라 이런 기회가 쉽게 생길 리 없을 테니 '다락 휴休'는 나름의 대안이 될 수 있다. 이곳은 대한민국 최초의 캡슐 호텔이며 노숙을 제외하면 일반인이 인천공항에서 잠을 잘 수 있는 유일한 방법이다. 몇 번 예약을 시도했지만 날짜가 맞지 않아 미뤄두고 있다. 샤워가 가능한 방과 일반 방이 있으며, 긴 밤, 짧은 밤 모두 가능하다. 넓은 주차공간(당연히 공항 주차장을 이용하니까), 화려한 실내공간(은 아니고 작고 심플하다), 지금 전화 주세요. 공삼이 칠사삼 오공공공!

3.

공항을 매우 좋아한 나머지 목욕하러 공항에 간 적 있다. 1터미널 지하에 있는 '스파 온 에어SPA ON AIR'는 찜질방 분위기의 목욕탕이다. 공항에 너무 일찍 도착하거나 꼭 목욕이 필요한 사람이 아니라면 올 이유가 없으니 이용자도 적다. 사실 공항에 목욕탕이 있다는 것을 아는 사람은 별로 없다. 가격이 비싼 편이지만 넓고 쾌적한 환경에서 목욕을 즐길 수 있다. 목욕은 단시간에 몸의 컨디션을 좋게 만드는 거의 유일한 방법이다. 공항에서 심리적으로 한 번 환기하고, 목욕탕에서 육체적으로 한 번 더 나를 환기한다.

좋아함을 넘쳐 나온 것들이 좋아한 '나머지'가 된다. 사회적으로 정해진 틀에 자신을 꾹꾹 누르며 살아야 미덕인 일상에서 넘쳐 나온 '나머지'들은 통쾌하고 상쾌하다. '나머지'는 결정적인 해결책이 되기도 한다. 아무 목적 없이 공항에 왜 가야 하는지 납득을 못 하는 이가 있다면 이런 주장은 어떤가. 알랭 드 보통은 히드로공항에서 구두닦이와 인터뷰하며 이렇게 적는다.

> 사람들은 과거에 밑줄을 긋고 싶을 때, 외적인 변화가 내적인 변화를 자극할 수 있다는 희망을 품을 때 구두를 닦는다.
> _____ 알랭 드 보통, 『공항에서 일주일을』

좋아함을 넘쳐 나온 것들이 좋아한 '나머지'가 된다.
사회적으로 정해진 틀에 자신을
꾹꾹 눌러 담아야 미덕인 일상에서 넘쳐 나온
'나머지'들은 통쾌하고 상쾌하다.

머리를 하러 미장원에 가는 일, 목욕탕에 가는 일, 영화를 보는 일, 클럽에 가는 일, 무리해서 2+ 한우 등심을 사 먹는 일, 그리고 구두를 닦는 일 모두 공항에 가는 일과 같다. 나를 바꾸고 싶은 욕망이 안간힘을 다해 공간이라도 바꾸어 새로운 곳에 나를 부려놓게 되는 것이다.

> 도시에서 벗어난, 인구 밀도가 낮고 자동으로
> 사회적 거리가 유지되는 널따란 곳.
> 천장이 높은 곳에서 날씨와 무관하게 통유리로 드는
> 빛을 즐길 수 있는 곳.
> 회사에서 보는 생기 잃은 회색 사람들 말고,
> 설레는 사람이 있는 곳.
> 무엇보다 어디론가 떠나가는 비행기가 있는 곳.

삶이 헐거워진 어느 좋은 날 당신에게 묻고 싶다. 공항 갈래요? (밥을 사시면 커피는 당신이 살게요.)

○ ● ○

눈으로 타는
비행기

비행기도 못 타는데 무슨 청승으로 공항에 가냐라고 생각하는 분이라면 드라마나 영화로 비행과 공항의 기분을 대신 내보는 건 어떨까? 항공 관련 업종이 소재가 된 일본 드라마는 압도적으로 많다. 일본의 대표 민방 후지TV에서 만든 드라마를 중심으로 항공업계의 다양한 이야기를 다루고 있다. 일본 드라마에 관심이 없는 분은 네 번째 문단으로 점프!

2003년 일본 TBS에서 방영된 드라마 「굿 럭」은 국제선 여객기의 부조종사인 하지메(기무라 타쿠야)를 중심으로 파일럿과 정비사, 캐빈 어텐던트Cabin Attendant 등 항공업계 종사자들의 사랑과 꿈과 열정을 그렸다. 2006년 후지TV에서 방송된 유민 주연의 「어텐션 플리즈」와 2008년 아야세 하루카 주연의 영화 「해피 플라이트」도 화제를 모았다. 2011년 후지TV 「도쿄 컨트롤: 도쿄공항교통관제부」는 항공기 이착륙을 교통정리하는 관제사들에 대한 10부작 드라마다. 이 드라마의 스핀오프인 2012년 후지TV 제작 「도쿄 에어포트: 도쿄공항관제보안부」는 승객들의 안전을 지키는 도쿄 하네다 국제공항 관제사와 항공업계 사람들의 이야기를 담았다. 후카다 쿄코와, 귀여운 농담을 건네는 사사키 노조미가 나온다.

 2013년은 일본 항공 드라마의 전성기였다. NTV 「칩 플라이트」는 대형 항공사 승무원이 저비용 항공사 승무원이 되면서 벌어지는 이야기다. 이제는 고인이 된 다케우치 유코가 키리타니 미레이와 함께 주연을 맡았다. 같은 해 WOWOW의 「미타니 코키 대공항」은 2014년 극장판 「대공항」으로 만들어졌는데, 모든 장면을 원신 원컷으로 촬영해 기네스북에 등재되었다. 지상직 항공사 직원들의 고군분투를 그린 「아포양 달리는 국제공항」, 후지TV의 「미스 파일럿」은 고된 훈련과 난관을 극복하면서 성장해가는 여성 파일럿 이야기다. 모두 2013년에 방영된 드라마다. 이 많은 걸 제가 다 봤다.

 드물지만 국내 드라마도 있다. 1993년 드라마 「파일럿」을 기억하는 분들 있을 것이다. 채시라, 음정희 배우 정말 아름다웠다. "너를 뜨겁게 안고서~ 두 팔이 날개가 되어~ 언젠가~" 윤상의 주제가도 화제였다. 이후 오랜 시간이 지나 등장한 드라마 「공항 가는 길」은 영화 「봄날은 간다」 각본을 쓴 이숙연 작가의 작품이다. "인생의 큰 전환점 제2의 사춘기를 겪는 기혼 남녀가 가질 수 있는 공감과 위로, 세상에 당당한 관계와 진정한 가족애를 그린 작품"이라고 KBS 공식 홈페이지에 적혀 있다. 요약하면 바람피우는 얘기다.

미국 영화 중에는 「인 디 에어 Up in the Air」가 있다. 일 년 322일 비행기를 타는 해고 전문가 조지 클루니가 주인공이다. 마일리지 1,000만이 목표라니! 톰 행크스 주연의 영화 두 편 「터미널」과 「설리, 허드슨강의 기적」도 결은 다르지만 색다른 재미를 준다. 「터미널」은 공항에서 살아보고 싶다는 판타지를 대리만족시켜주었고, 「설리, 허드슨강의 기적」은 세월호를 떠올리게 했다.

근래 본 가장 재미있는 항공 관련 드라마는 재난과 하이재킹 스릴러를 버무린 「어둠 속으로 Into the Night」다. 와플 대국 벨기에의 6부작 드라마다. 파악되지 않은 우주의 기현상이 만들어낸 태양광선을 피해 밤 시간대의 지역으로만 도망가는 비행기에서 일어나는 이야기를 담았다. 재난 속에서 본능을 드러내는 다양한 인간 군상을 보여준다. 생경한 벨기에 드라마를 보게 된다는 재미도 있다. 여객기 내부를 원 없이 볼 수 있다.

　목적지가 없는 비행이 있다. 비행기를 타고 그냥 출발지로 돌아오는 것이다. 기이하지 않은가? '무착륙 국제관광비행'이다. 심지어 정부에서 추진한 여행 정책의 일환인데, 비행기를 타고 해외 상공을 돌아 착륙하지 않고 돌아오는 여객 상품이다. 이런 티켓을 누가 사냐고? 이 홈페이지에 들어갔을 땐 이미 판매 완료였다. 면세점도 이용할 수 있으며 현존하는 최고의 비행기 중 하나인 보잉 A380의 비즈니스 클래스나 일등석을 평소 동경한 사람이라면 저렴한 가격에 이용해볼 수 있다. 빠르게 매진된 이유는 많은 이들이 여행과 비행에 대한 욕구불만이 쌓였다는 사실의 방증이리라. 하늘길은 다시 열렸고, 이제는 판매하지 않지만 인간의 여행 욕구를 가늠해볼 수 있는 해프닝 같은 여행 상품이었다. 노트북 드라마 폴더를 열다 말고 아래칸 여행 사진 폴더를 열었다. 기내에서 찍었던 옛 사진들은 여전히 비현실적인 영화 속 장면 같기만 하다.

내용과 무관하게 일본 드라마를 좋아하시는 분을 위해!

여행
기분

구름 한 점 없는 하늘 위로
비행기가 지나간다
괜히 코끝이 찡한 걸 보니
난 아직도 사춘긴가 봐 그런가 봐
_____ 페퍼톤스, 「뉴 히피 제너레이션」 중에서

회사 창밖으로 날아가는 비행기를 바라보며 한숨을 쉰다. 여행 가고 싶은 마음에 스마트폰을 만지작거리다 애플리케이션 하나를 연다. 전 세계를 오가는 비행기의 위치와 출발·도착 시간, 기종, 고도, 속도, 현지 날씨, 몇 번 운항했고 연착이 몇 번인

지까지 한꺼번에 볼 수 있다.

'플라이트 레이더 24Flight Rader 24'와 '플레인 파인더Plane Finder'를 애용한다. 예전엔 무료였는데 일부 기능은 유료로 전환되었다. 비행에 대한 갈증을 커피값으로 해소한다고 생각하면 부담스럽지는 않다. 플레이백playback 기능에 깜짝 놀랐다. 특정 날짜의 비행 정보들을 보여준다. 즐거웠던 여행의 기록을, 헤어진 그녀 혹은 그와 떠났던 비행의 여정을 찾아볼 수도 있다. 편리하고 무서운 세상이다.

플라이트 레이더 24 앱을 열고 인천공항에서는 지금 어떤 비행기들이 오가는지 살펴본다. 글을 쓰는 지금 내 오른쪽 여의도 하늘에는 김포에서 제주로 향하는 티웨이T-way 항공의 TW718 보잉737-8Q8 기종이 날고 있다. 고도는 1,400여 피트(약 427미터), 그라운드 스피드 147노트KTS(약 시속 272킬로미터)다. 이처럼 전 세계 모든 비행기의 항로를 볼 수 있다. 당연히 검색도 가능하며, AR 기능은 실로 놀랍다. 3D 뷰 버튼을 누르면 더욱 놀라운 이미지가 펼쳐진다. 비행기가 어느 하늘을 나는지 구글 맵과 연동해 보여준다. 비행기가 왼쪽으로 기울면 같은 방향으로 기울어진다.

공항 근처 호텔의 TV에는 비행 타임 테이블을 보여주는 채널이 있다. 이것을 보려고 일부러 공항 근처 호텔에 묵기도 했다. 조금이라도 여행 기분을 느끼고 싶었기 때문이다. 이제는 스마트폰으로 볼 수 있다. '실시간 비행 게시판'이라는 앱은 전

비행기가 이륙하기 전 그리고
착륙하기 전 잠시 들리는 관제사와 기장의 교신을
앱으로 들을 수 있는 세상이라니!

ⓒ 이선우

세계 공항의 출발·도착 정보를 보여준다. 우리가 공항에 가면 가장 먼저 보게 되는 바로 그 타임 테이블을 이 앱에서 볼 수 있다. 목적지와 시간이 적힌 플라스틱 패널이 넘어가면서 비행 정보가 바뀌는 모습을 그대로 재현했다. 나름 느낌 있다. 쓰지 않는 구형 스마트폰이나 태블릿을 사무실 책상 위에, 말하자면 자신이 가장 오래 머무는 공간 가까이에 둔다면 공항 온 기분을 만들어줄지도 모른다.

비행기에 대한 그리움을 떨칠 극강의 '비행기 탑승객 놀이'를 소개해본다. 준비물은 좀 많다. 일단 스마트폰과 헤드폰이 필요하다. 등을 편히 눕힐 수 있는 의자를 창문 옆으로 가져간다. 1인용 릴렉스 체어면 좋다. 앞에 보조 테이블과 무릎 담요도 준비한다.

중요한 포인트는 라디오 가든Radio Garden 앱에서 에어포트 스캐너Airport Scanner를 검색하는 것이다. 공항 관제사들과 비행기 기장과의 실시간 대화를 들을 수 있다. 비행기 활주로에서 우리가 듣게 되는 그 교신 말이다. 가까이는 인천공항, 멀리는 아일랜드와 산티아고 채널도 있다. 비행기가 이륙하기 전 그리고 착륙하기 전 잠시 들리는 관제사와 기장의 교신을 앱으로 들을 수 있는 세상이라니! 마음에 든다면 'LiveATCair traffic control Air Radio' 앱에 관심을 두자. 한화 4,900원이다. 공짜를 좋아하는 분은 LiveATC.net에 접속하자. 전 세계 항공교통관제 통신의 실시간 자료를 제공하는 오디오 스트리밍 사이트다. 영국, 벨기에, 독일, 아이슬란드, 이탈리아, 뉴질랜드, 스페인 등 항공 교신 스트리밍이 금지된 곳을 제외하고도 2,250개 이상의 교신이 제공되고 있다고 적혀 있다.

여기서 끝이 아니다. 태블릿 PC가 있다면 인천공항 홈페이지(airport.kr)의 여객 출발 시간표를 열어두고 오늘의 비행 스케줄을 살펴본다. 식사 때가 되면 옆에 있는 가족에게 편의점 도시락을 하나 사다 달라고 하자. 기내식 대용이다. 제주항공에서 운영하는 카페에서 실제 기내식을 판매도 하는데 편의점 도시락이면 충분하다. 가족에게 땅콩을 달라고 떼쓰거나 라면을 끓여달라고 하진 말자. "정말 이렇게까지 해야 하니?"라고 물을 수 있지만 이렇게까지 해야 하는 건, 이렇게까지 해야 하는 일이다.

※ 하나 더

국립항공박물관에 들러보는 것도 추천한다. 예약 방문하면 비행기 시뮬레이터를 탈 수 있다.

여행용
음악

급히 떠난 출장 내내 김동률·이상순의 '베란다 프로젝트' 음반만 듣고 다닌 적이 있다. 아이폰 사용자라면 한 번쯤 경험했을 아이튠즈 역逆 동기화로 인해 스마트폰 안의 모든 음악이 증발하고 이 음반만 남았었다. 베란다 프로젝트의 「트레인」을 들으면 출장지의 낯선 골목이 떠오른다.

여행에는 음악이 필요하다. 여행에서 음악은 기억을 저장하는 매질媒質이다. 우리를 추억으로 데려다준다. 기억은 머릿속에만 있지 않다. 손이 기억하는 기억이, 공간이 입고 있는 기억이, 음악이 기억하는 기억이 있다. 음악의 플레이 버튼을 누르면 재생되는 것은 기억이다. 같은 단어가 문장 속에서 다양한 뜻으로 바뀌듯 음악도 의미를 바꾸어간다.

자주 듣는 음악에는 수십 겹의 기억들이 층층이 쌓여 있다. 구체적인 기억을 불러오기도 하지만 느낌으로 압축되어 추상화된 기억도 있다. 그건 아련한 것이어서 무방비 상태에서 나를 울리기도 한다. 퓨전 밴드 '두 번째 달2nd Moon'의 「서쪽 하늘」 같은 곡이 그렇다. 들으면 자꾸 울 것 같은데 이유를 알 수 없으니 그저 먹먹하다.

여행용 음악이 필요하다. 여행을 떠날 땐 익숙하지 않은 음악들 위주로 스마트폰에 넣어 가져간다. 아무 기억도 입혀지지 않은, 백지 같은 음악들에 새로운 추억을 입력하기 위해서다. 산책하고 생각을 떠올리고 새로운 공기를 마시는 일들은 모두 내 귓속을 흐르는 음악 안에 저장된다. 음악은 나의 '여행일지'가 되었다.

여행이 미칠 듯 그리워 집으로 향하던 차를 공항으로 돌리는 날 그 음악들은 나를 위무한다. 여행을 떠날 그날을 준비해 틈틈이 플레이리스트를 만든다. 요즘에는 가사 없고 미니멀한 음악들을 주로 모으고 있다. 음악 안에 심어진 감정의 기복을 따라가기에 숨찬 나이가 되었나 보다. 아르보 페르트Arvo Pärt, 테일러 듀프리Taylor Deupree, 스티브 라이히Steve Reich, 필립 글래스Philip Glass, 닐스 프람Nils Frahm, 장 미셸 블레Jean-Michel

Blais, 올라 야일로Ola Gjeilo의 음악은 나의 새로운 여행 추억을 담는 서랍이 되어줄 것이다.

뒤늦게 기억이 났다. 엔지니어 곽은정 누나가 몇 개의 낯선 이름을 보여주며 팀 이름으로 어떤 것이 좋을지 투표해보라던 그 음반이 베란다 프로젝트였다는 사실이. 나는 베란다 프로젝트에 한 표를 주었다. 잘했다. 오랜만에 음반을 듣는다. 그리운 날에 도착하기 위해.

> 조금씩 멀어지는 도시와
> 이윽고 낯설어진 이정표
> 어디서 끝이 날지 모르는 여정
> 또 난 난 나는 떠난다
>
> 떠나온 걸까 떠나가는 걸까
> 옅은 잠에서 눈뜨면 또 어딜까
> 그곳에서는 찾을 수 있을까
> 또 난 난 나는 떠난다
> _____ 베란다 프로젝트, 「트레인」 중에서

이런,
저녁 비행기

1.

초등학교 때부터 고등학교 때까지 방학이면 거르지 않고 대구에 갔다. 피는 섞이지 않았지만 그리운 동생들이 사는 곳이었다. 기차만 타고 가다 비행기를 타게 된 날이 있었다. 인생 첫 비행이었다. 저녁 공항은 한산했다. 늘 동경했지만 한 번도 넘지 못했던 탑승 수속장의 문을 두근거리며 통과했다.

안전벨트를 매고 기내를 둘러보았다. 작고 둥근 창문, 기내 잡지, 멋진 제복을 입고 친절하게 인사하는 승무원. 드라마에서만 보던 장면 속에 내가 들어와 있었다. 갑자기 몸이 뒤로 밀리고 창문 밖 풍경이 45도로 기울었다. 이륙이었다. 창밖에는 해가 지고 있었다. 대구로 가는 내내 창문에서 눈을 떼지 못했다. 그 시절 기내에 무드등이 없었으니 몇 개의 독서등을 제외하고 완벽한 어둠 속에서 영화를 보듯 저녁 하늘을 관람했다.

저녁 비행기에서 바라보는 노을은 아름다운 이공간異空間으로 나를 데려다주었다. 시시각각 변하는 노을은 짙은 남청빛에서 산홋빛까지 아름다운 그라데이션을 만들며 어둠에 젖어들었다. 착륙할 때 본 대구의 야경도 잊지 못한다. 벨벳 위에 뿌려둔 보석 가루처럼 비현실적이었다. 인간은 압도당하는 풍경 앞에서 자신을 바꾼다. 겨울의 히말라야 설산도 아니고 타히티 푸른 바다도 아니고 비행기에서 바라본 노을 앞에서 나는 바뀌었다. 이륙 전의 나와 이륙 후의 나는 분명 달라져 있었다. 비행기를 자주 탈 수 있는 삶이란 무엇인지 둥근 창문 너머로 어렴풋이 그려보았다.

2.

저녁 비행기는 대부분 저렴하다. 목적지에서 시간 손실이 있기 때문일 것이다. 저녁 비행기를 좋아하는 이유는 노을과 야경 때문이다. 일부러 저녁에 비행기를 탈 수야 없지만 혼자 떠나는 출장의 행운이 주어지면 어김없이 저녁 비행기를 탄다. 17:15분 부산행 비행기. 2박 3일간 부산 을숙도를 촬영하는 다큐멘터리 출장이었다. 서울의 해 지는 시각 17:59분. 서울보다 서쪽으로 치우친 부산의 지리적 특성을 계산해보면 해는 더디

질 테니, 분명 비행기 안에서 일몰을 보게 될 것이었다. 대류권 위쪽의 기상 상황을 정확히 알 수는 없지만, 하늘에 보이는 구름은 두어 점뿐이었다. 모바일 체크인으로 좋은 자리도 선점했다. '이렇게 과학적인 사고력과 실행력까지 갖춘 사람이 나라니' 뿌듯한 웃음을 마스크로 가리고 여유 있게 공항으로 갔다.

커피를 한 잔 사 마실까 하다 일단 안으로 들어가서 유유히 저녁의 공항을 즐기기로 했다. 검색대를 지나는 건 주사 맞는 일처럼 불필요한 긴장감을 주니까. 비행기를 자주 타는 자의 여유 있는 걸음으로 줄을 섰고 내 차례가 왔다. "고객님, 신분증 보여주세요." '신분증! 아, 신분증. 이런, 신분증을 두고 오다니.' 당황하는 나를 데리고 항공사 직원은 친절하게 무인 인증서 발급기로 안내했다. 자주 있는 일이라고 위로해주었다. 눈은 웃고 있지만 마스크 속의 표정은 알 수 없었다. "이쪽으로 오세요." 그녀의 목소리는 친절한데 나는 왠지 주눅이 든다. 이동하는 내내 연신 미안함을, 그리고 신분증을 두고 온 이유를 논리적으로 토로했지만 초라해질 뿐이었다.

"초본 아니고 등본이요." "확인 버튼 누르셔야죠." "현금 말고, 카드죠." "자, 확인 한 번 더 클리억!" 그녀에게 "네네, 선생님"이라고 할 뻔했다. 가슴이 웅장했던, 비행을 앞둔 이의 자존감은 바닥으로 떨어졌다. 간신히 발급 받은 주민등록등본으로 간단한 서류를 작성했고 그녀는 침착하게 내 손에 밴드를 둘러주었다. 놀이동산이나 뮤직 페스티벌, 또는 클럽에 입장할 때 손목

겨울의 히말라야 설산도 아니고
타히티 푸른 바다도 아니고
비행기에서 바라본 노을 앞에서 나는 바뀌었다.
비행기를 자주 탈 수 있는 삶이란 무엇인지
어렴풋이 그려보았다.

에 두르게 되는 그것. 공항에서 자신을 확인할 수 없는 자에게 베푸는 공항공사와 항공사의 시혜. 발급받은 지 한 시간 안에 출국 수속을 마쳐야 한다고 했다. 밴드에는 시간과 확인자 이름이 적혀 있었다. 미아용 팔찌(?)를 차고 뛰듯이 서둘러 검색대를 통과했다.

"대한민국 참 좋아졌군. IT 강국이야. 아무렴." 혼잣말로 기분을 바꿔보았다. 이제 좌석에 기대어 노을만 감상하면 되었다. 작은 소란이 있었지만, 노을을 감상하기에 이렇게 완벽한 가을날은 자주 찾아오지 않는다. 라임도 정겨운 시월-가을-노을. 한반도 서쪽에 물드는 붉은 아름다움이 나를 기다리고 있었다. 항공편명 KE1121, 좌석번호 50A, 동쪽 좌석이었다.

부산
24시

다시 공항에 갔다. 부산행 5:35분 저녁 비행기. 웹 체크인 알람이 울리자마자 서쪽인 오른쪽 창가 좌석을 예약했다. 어제 같은 실수가 있어서는 아니 되었다. 신분증도 잘 챙겼다. 마치 어제의 작은 소동이 없었던 사람처럼 능숙하게 수속을 마치고 좌석에 앉았다.

하늘과 지상의 어둠 사이로 붉고 긴 노을이 펼쳐졌다. 그리스 왕 밀린다Menandros와 인도 현자의 나가세나Nāgasena의 문답을 담은 『밀린다 왕문경彌蘭陀 王問經』 미니 북을 읽다 창밖을 바라보며 문장 몇 개를 음미했다. 황보랏빛 노을은 어둠 쪽으로 물러갔고 도착 안내방송이 들려왔다.

부산 시내로 들어가기 위해 지하철을 타자 허기가 밀려왔다. 광안리 '삼삼횟집'에서 대선소주에 회와 지리를 먹었다. 혼자 회를 먹기란 가격도 부담되고 여간 불편한 게 아닌데 일 인분이 가능한 곳은 늘 반갑다. 일 인분의 마음을 가지고 온 여행객들이 종종 보였다.

광안리 바닷가를 걸어 도착한 곳은 몇 년 전부터 한번 묵어보고 싶은 캡슐 호텔이었다. 큰 유리창으로 광안대교가 보이는 곳이었다. 말이 캡슐 호텔이지 공간은 넉넉했다. 짐을 풀고 누워 뒹굴뒹굴했다. 불꽃놀이도 볼 수 있다면 좋았겠지만, 촘촘히 빛이 박힌 광안대교도 충분히 아름다웠다. 하루 3만 원에 이런 쾌적한 곳이라니. 일주일 묵으면 책의 초고쯤 가뿐히 쓸 수 있을 것 같았다.

바다는 아무리 봐도 지겹지 않았다. 자연은 인간을 실망시키거나 질리게 하는 법이 없다. 취기가 오르고 잠 속에서 여행하는 꿈을 꾸었다. 어떤 사람들을 만나 많이 웃었는데 그게 누군지 모르겠다. 감은 눈에 붉은 빛이 어른거려 잠에서 깨어나니 일출이 시작되었다. 광안대교 왼쪽에서 해가 오르고 있었다. 백사장을 지나던 사람들이 사진을 찍고 있었다. 나는 누워서 편하게 다양한 각도로 사진을 찍었다. 침대에서 아름다운 일출을 편히 보게 되다니 행운이었다.

감은 눈에 붉은 빛이 어른거려
잠에서 깨어나니
일출이 시작되었다. 광안대교 왼쪽에서
해가 오르고 있었다.

체크아웃을 하고 '초원복집' 대연동 본점까지 걸었다. 부산 올 때마다 빼놓지 않는 곳이다. 배경음악은 윤건의 「가을에 만나」. 해운대, 달맞이언덕, 오륙도가 나오는 부산 여행 주제가다. 잠깐의 고민 끝에 호기를 부려 밀복 대신 비싼 까치복 매운탕을 시켰다. 아는 맛인데 매번 감탄스러웠다.

아침을 먹고 도착한 곳은 2020 부산국제영화제가 열리는 영화의 전당이었다. 인터넷에서 「나는 나대로 혼자서 간다」라는 영화의 표를 어렵게 구했다. 중고나라는 언제나 평화롭고 위대한 곳이다. 영화 시작까지 한 시간 반 정도 여유가 생겨 카페에 들어왔고 노트북을 펼쳤다. '한국어 포스터' 최종본을 검토하고 1TV '안녕, 우리말' 대본 감수를 마쳤다. 회사로부터 고무줄이 당겨지는 느낌이 잠시 들었지만, 작은 업무를 빨리 마치고 글을 이어 쓴다.

오키타 슈이치 감독의 영화 「나는 나대로 혼자서 간다」는 혼자 사는 노인 여성이 과거의 자기 자신과 만나면서 일어나는 이야기였다. 환상과 유머를 통해 죽음이 가까운 한 인간의 마지막 시절을 보여주었다. 무겁지 않은 전개였지만 두 시간이 넘는 상영 시간 내내 마음이 묵직해졌다. 우리는 누구나 예외 없이 죽음의 소실점으로 향하고 있으니까.

오후 4시다. 4시의 가을빛을 좋아한다. 가을 오후 4시에 가장 아름다운 여의도공원의 은행나무가 떠올랐다. 내일 출근하면 하루치의 노랑을 더 채운 은행나무를 보게 되겠지. 자갈치 시장의 '부산명물횟집'에서 회 백반에 반주를 하고 공항으로 갔다. 부산에 도착한 지 24시간이 지났다. 여의도의 하루는 언제나 짧지만 부산의 24시간은 길었다. 여행의 양이 인생의 양 아니겠냐는 아버지의 말이 생각났다. 어제는 어제의 비행기를 탔고 오늘은 오늘의 비행기를 탄다. 비행기를 기다린다. 내일은 광주로 가는 비행기를 타고 주말에는 제주로 가는 비행기에 오를 것이다. 드물게, 비행 풍년의 나날들이 이어지고 있었다.

4

서랍 기억

서랍
기억

 일이 풀리지 않을 때 회사 책상 서랍을 뒤적인다. 첫 번째 서랍에는 법인카드 영수증과 자, 지우개, 클립 같은 간단한 사무용품이 있다. 아래 서랍으로 내려갈수록 쓸모에서 멀어진 물건들을 두었다. 오래전 아나운서실 야유회 사진들이나 빛바랜 행사 팸플릿들, 듣지 않는 음반 몇 개, 백 원짜리 십 원짜리도 틈에서 나온다.
 서랍을 끝까지 당기면 서랍 뒤쪽으로 떨어진 물건들이 보인다. 꽉 찬 서랍을 억지로 닫다가 떨어진 것들이다. 오래된 어둠의 비좁은 틈으로 끙 소리를 내며 손을 깊이 넣어 손가락을 버둥거린다. 검지와 중지로 만든 집게에는 오래전 감쪽같이 사라져버린 이어폰이나 귀퉁이가 찢어진 사진 몇 장, 잉크가 증발한 공연 티켓, 누군지 기억나지 않는 명함 같은 것이 집혀 나온다.

어둠 속 사물들에는 묵은 먼지가 묻어 있는데 닦아도 쉽게 떨어지지 않는다. 그게 참 기억 같다. 서랍장은 인간의 기억 저장 구조를 본떠 만든 게 아닐까. 기억에도 층층의 서랍이 있고 아주 오래된 기억은 서랍의 뒤쪽 공간에 떨어져 있다. 보이지 않지만 사라진 건 아니다. 상처가 사라진 것이 아니듯, 흉터에 덮여 망각될 뿐이듯, 기억도 어두운 무의식 어딘가에 잠들어 있다. 너무 멀리에 저장된 기억을 시냅스의 끈으로 연결할 수 없을 뿐이다.

부모님 집에는 아직 내 책상이 있다. 책장에는 이제 아버지의 책이 꽂혀 있지만, 서랍 속은 거의 그대로다. 기억이 머릿속에만 저장되는 건 아니다. 뇌가 하드디스크라면 서랍 속 사물은 외장하드나 USB 메모리처럼 자신의 자리에서 기억을 담아둔다. 오래된 소니 워크맨과 스펀지가 찢어진 헤드폰, 여러 나라의 동전들, 우표와 망가진 만년필, 제9회 유재하 음악경연대회 팸플릿, 영화 「8월의 크리스마스」를 보았던 씨넥스 극장의 회원 카드와 추억의 TTL 카드, 재수생의 흔적인 대성학원 수강증, 대학 시절 반짝이던 약속들과 강의 시간표가 적힌 크림슨색 학생수첩, 그리고 기억나지 않는 편지들. 서랍 속에는 기억을 불쑥 도착하게 만드는 익숙한 물건들이 낯설게 앉아 있다.

버릴 것 좀 버리고 물티슈로 안쪽을 닦아내고 서랍마다 물건들을 가지런히 놓아둔다. 기억도 정리가 될 수 있다면 어떨까. 나쁜 기억들은 끌어와 나름의 의미를 부여하고 갱신해 다시 차곡차곡 넣어둘 수 있다면 좋겠다. 문득 사라졌다고 생각한 기억이 돌아와 훅 눈물로 차오르기도 한다. 헤어진 그 또는 그녀와의 기억을 좀 정돈해 넣어둘 수 있다면 그럴 수 있다면 기분이 좀 산뜻해질 텐데, 그때 그렇게 하지 않았다면 어땠을까 하는 후회들을 다독여 접어둘 수 있다면 삶의 실마리가 조금 풀리겠는데, 마음 서랍은 잘 열리지도 않는다. 열려도 내부는 반타블랙처럼 극히 어둡고, 정리해도 이내 흐트러져버린다. 돌아가신 할머니의 경대 서랍에서 손때 묻은 묵주와 알이 뿌옇게 된 돋보기 안경을 발견했을 때 그랬듯, 서랍을 열다 울컥대기도 한다.

옛 동네 한 바퀴만
걷다 올게요

 할머니는 고요한 분이었다. 말수가 적고, 말소리가 조용하다는 것만으로는 설명할 수 없는 특별한 기운의 소유자였다. 할머니가 있는 곳은 할머니를 중심으로 사위까지 평온해졌다. 번잡한 부엌도 할머니가 있으면 느린 고요가 흘렀다. 종일 촛불 켜고 성모님께 기도하는 것이 일과인 분이었다. 할머니는 하루 세 번 가족들의 안녕을 위해 기도했다. 당신의 신에게 신실했던 할머니도 처음 요양원에 갔을 때는 정신적으로 큰 충격을 받으신 듯했다. 할머니의 시간은 옛날로 거슬러 갔다. 얼마 동안은 셋집에 살던 젊은 시절로 돌아갔다. 나를 어린 아버지로 착각하시고는 집주인에게 공손하게 인사하라고 당부하셨다.

그리고 더 먼 옛날로 회귀했다. 눈빛을 멀리두고 침묵으로 돌아갔다. 어떤 목소리도 없었다.

기억이 퇴행하는 할머니를 보면서 나도 할머니와 행복했던 시절의 옛 동네를 떠올렸다. 정말 삶이 지옥이구나 싶을 때, 응암동에 간다. 할머니의 사랑을 받으며 스무 해를 넘게 산 곳이다. 꿈속에서 나의 집은 늘 응암동이다. 그 뒤로 살던 종암동이, 주엽동이, 신수동이 단 한 번도 나오지 않는다. 응암동 꿈을 꾼 다음 날에는 기특하게 일이 잘 풀린다. 나의 무의식이 사그라지는 기억을 조합해 나에게 선물을 남기는 것 같다.

장독대를 뉘인다 망루처럼 높았다 난지도의 눈썹을 보았다 허물들을 모아 태웠다 저녁 준비하는 친할머니 치마폭에서 나는 사방연속무늬를 세며 놀았다 썩는 것과 삭는 것의 차이를 배웠다 김치를 썰면 절단면을 피어오르는 매운 노을 조각 기억은 가끔씩 콧구멍으로부터 흘러나온다

그루터기를 만진다 아까시나무가 베어져 마당에 환한 하늘이 생겨나던 날 비워진 원통의 공간이 내내 다른 빛으로 흔들리는 것을 보고 자라 온 나는 죽은 나무에 쌓여 온 둥근 기록들을 지도책처럼 심드렁히 읽어 내는 일과를 쌓아 왔는데 그루터기에 의자처럼 앉아 나는 누구를 또 앉히고 싶었을까

─── 이상협, 「화석」 중에서

다섯 살 때부터 대학교 4학년 때까지 20여 년을 응암동 한 곳에서 살았다. 처음 이사 왔던 응암동 집의 첫인상이 아직도 선명히 남아 있다. 안방 창문으로 쏟아지던 겨울 볕의 따사로움, 구들장의 뜨끈함, 군청색에 주홍꽃이 그려진 담요가 추상화처럼 기억 속에서 가물댄다. 골목 끝에는 칠흑 같은 그림자를 내린 잎이 무성한 아까시나무가, 마당에는 감나무와 대추나무와 잘생긴 목련나무가 한 그루 서 있었다. 목련나무는 고등학교 때인가 마지막으로 무수한 꽃을 보여주고 죽었다. 곁에 나무가 있다는 건 계절의 시계를 두는 일과 같았다. 마당이 있는 집에서는 계절을 몸으로 알게 된다. 20년 동안 80번의 계절을 나에게 일러준 곳이 응암동이다.

빈한한 동네는 더디 변한다. 거주하는 이들에게는 그게 좋을 리 없지만 어릴 적 눈에 익숙한 곳이 여전히 남아 있다는 건 여간 반가운 일이 아니다. 담벼락의 금 간 모양까지 고스란히 남아 있는 동네지만 제법 많이 바뀌었다. 나를 키운 작은 골목은 사라지고 살던 집에는 연립주택이 세워졌다. 그래도 한 바퀴 동네를 돌면 튀어나오는 옛 기억을 다독여 다시 머릿속에 차곡차곡 집어넣는다.

나의 단골 목욕탕은 청수탕이었다. 긴 목의 붉은 벽돌 굴뚝이 멀리서도 보였다. 20년 넘게 내 머리를 깎아주던 이발사 전문수 아저씨가 있던 곳이다. 대학 합격 소식에 조용히 나를 불

마음 낮은 날 옛 동네에 간다.
동네 한 바퀴 돌며 기억 속에서 좀 울다 오면
하루는 산뜻해진다.

러 머리를 공짜로 깎아주시고 어려운 형편에도 3만 원이 든 흰 봉투를 주셨던 기억이 있다. 아버지는 목욕탕에 자주 가셨고 나는 자주 따라다녔다. 수영장처럼 컸던 곳이 점점 작게 느껴질 무렵이었나. 사람들이 찾지 않게 되면서 청수탕은 폐업을 했다. 덩그러니 건물만 남은 그곳을 서성대며 옛 기억을 불러보기도 했는데, 이제는 재개발로 건물마저 허물어졌다. 두 번째로 자주 가던 목욕탕은 '새서울 목욕탕'이었다. 다행히 이곳은 아직 남아 있어 가끔 들른다. 탕에 몸을 풀고 어떤 '의식'처럼 때를 민다. 12,000원이다. 서울 시내 목욕탕 세신 가격이 15,000원을 넘은 지 오래인데 아직 이 가격이다.

침대에 뜨거운 물을 몇 번 뿌린 후 몸을 누이면 세신사는 따뜻한 수건을 얼굴에 씌우고 엄지손가락으로 안면을 꾹꾹 눌러준다. 한쪽 발을 간이침대에 올린 그는 나의 오른쪽 팔을 무릎에 올리고 손등부터 슬슬 때를 밀어간다. 물이 뿌려지면 왼쪽으로 돌아누우라는 신호다. 오랜 세신 경험자는 세신사와 호흡을 잘 맞출 수 있다. 몸이 한 번 돌려지고 엎드리면 수건을 허리까지 깔고 짧은 안마가 시작된다. 손가락을 오므려 등과 허리를 치면 팡팡 소리가 난다. 손가락 사이로 공기가 빠져나가는 소리는 뭔가 삶이 명쾌해지는 신호 같기도 하다.

오래된 세신사들만의 비기가 있다. 세신이 끝나면 맨소래담 로션을 비누에 섞어 등에 발라준다. 등골부터 정수리까지 시원해진다. 세신사는 물을 뿌리지 않는다. 씻어내는 즐거움을 느껴보라는 듯 미리 짜둔 샴푸를 손에 쥐어주고 샤워기 쪽을 가리킨다. 때를 밀고 목욕탕 밖으로 나오는 기분은 어느 계절이나 놀랍도록 상쾌하다. 할머니는 목욕하고 돌아오면 "산뜻구나"라는 말로 나를 맞았다.

옛 동네를 걷다 할머니가 왼쪽 다리를 저는 사람이었다는 사실이 떠올랐다. 함께 지내는 동안 그게 얼마나 힘든 일이었을지 깊이 생각해본 적이 없었던 것 같다. 왈칵 눈물이 흘렀다. 늦어도 너무 늦게 도착하는 감정이 있다. 마음 낮은 날 옛 동네에 간다. 동네 한 바퀴 돌며 기억 속에서 좀 울다 오면 하루는 산뜻해진다.

즐거운 나의
장례식

　세월호 사건이 일어난 해였을까. 친할머니가 돌아가실 즈음부터였을까. 한동안 나에게는 죽음이 화두였다. 죽음이란 그저 부고로 전해 듣는 먼 남의 일이 아니었다. 생각보다 가까이 있었다. 우리는 언제든 예기치 않게 죽음을 맞을 수 있다. 죽음은 두렵고 그 너머는 언제나 궁금하다.
　내세관은 모든 종교의 특징이다. 대부분의 교리는 '영원불멸'로 귀결된다. 죽으면 어디로 갈까? 요단강을 건너 천국으로 가는가? 윤회하다 깨달음을 얻고 적멸과 열반에 들어 우주의 일부로 돌아가는가? 어떤 현자도 이에 답할 수 없다. 물리학의 '초끈이론'처럼 증명되지 못한 가설을 세울 수 있을 뿐이다.

열역학 제1법칙은 에너지 보존법칙이다. 영혼도 에너지의 일종으로 상정한다면 영원히 사라지지 않을 것이다. 영혼이 어떤 형태로 치환되는지는 알 수 없다. 우리는 죽은 자의 말을 들을 수 없다. 『티베트 사자의 서』에 나오는 구체적인 사후세계 이야기나 『영혼들의 여행』 같은 책의 의사擬死 체험 사례들도 명쾌한 답이 될 수는 없다. 답 없는 질문은 답답하지만 지루하지 않다. 우리를 생각하고 상상하게 만드니까.

죽음에서 파생된 생각들은 지금을 어떻게 살 것인가에 대한 물음으로 자연스레 옮겨진다. '한 달 뒤에 죽는다면'이라는 가정은 지금 나에게 가장 중요한 일의 순서를 정해주고, 내게 중요한 사람이 누구인지 볼 수 있는 고성능의 필터가 되어준다. 죽음이 닥쳐올 때까지 끝없는 자문과 자답이 이어질 것이다.

나이 들수록 장례식장을 찾는 일이 많아지는데, 가끔 장례문화의 획일성에 숨이 막힌다. 고인이 생전에 '어떤 사람이었나'보다 '어떻게 죽었는지'에 대한 설명만 듣다 온다. 장례란 사랑하는 이의 죽음으로 슬픔을 겪는 이들을 위로하는 예禮 의식이기도 하지만, 장례식장의 주인공은 고인이 아닌가.

친할머니가 돌아가신 날, 슬픔을 누르며 A4용지 절반에 할머니의 삶을 요약해 조문객들에게 읽어보시라고 권했다. 부엌에서 「알뜰한 당신」이란 노래를 조용히 부르셨고, 송대관의 「네 박자」와 가을과 코스모스를 좋아했던, 성모상 앞에서의 기

잠시나마 죽음을 성찰하고
돌아온 현실에는 살 만한 일들 몇 개가 반짝인다.
어쨌든 당신도 나도 아직 살아있다.

도가 일과였던 분이 나의 할머니 '김복순'이라고 장례식장에 온 모두에게 알려주고 싶었기 때문이다.

죽음의 과정이 모두 다르고 생각의 차이도 있겠지만 '즐거운 장례식장' 같은 것을 운영해보면 어떨까 생각한 적이 있다. 결혼식 뒤풀이나 파티 분위기와 유사하게 말이다. 고인의 생전 모습과 조문객들에게 남기는 인사말을 영상으로 보여주고, 그가 생전에 좋아하던 음악이 흘러나오게 하면 어떨까. 고인의 물건들을 전시하고, 그것을 바라보며 작은 유머와 옅은 미소로 떠난 이의 미담을 이야기하는 무겁지 않은 장례식은 어떨까.

나의 장례식은 슬프지 않았으면 한다. 내가 만든 노래가 들리고, 내가 출연한 다큐멘터리 「석굴암」 다시 보기 이벤트가 있었으면 한다. 나의 기타들을 전시하고, 생전에 모은 책들은 첫 시집이 나온 시인들에게 모두 나누어주고 싶다. 여전히 다양한 방향에서 죽음에 관해 생각을 모으는 중이다. 잠시나마 죽음을 성찰하고 돌아온 현실에는 살 만한 일들 몇 개가 반짝인다. 어쨌든 당신도 나도 아직 살아있다.

옛날
TV

 소파에서 뒹굴거리며 채널을 돌리다 KTV에서 「전원일기」를 봤다. 젊은 최불암, 고두심, 김수미 배우가 반가웠다. 금동, 복길, 영남, 응삼 모두 그리운 이름이다. 일용이의 옛사랑 에피소드였는데 일용은 읍내 다방에서 옛 여자친구를 만나고 있었다. 이런 일용에게 화가 난 복길 엄마의 분노의 빨래 털기는 인상적이었다. 「전원일기」의 에피소드 대부분이 그렇듯 갈등은 봉합되고 훈훈하게 마무리된다. 마지막 장면에서 일용은 공중전화로 복길 엄마에게 전화를 걸어 쑥스럽게 말한다. "전 애인과 헤어졌던 이유는 아마 당신을 만나려고 그랬나 봐. 허허."
 문득 복길 엄마의 극 중 이름이 뭐였지 생각해보았다. 기억을 쥐어짜보아도 떠오르지 않았다. 원래 몰랐던 것이다. 복길이를 제외하고 여성 출연자의 이름만 모두 기억나지 않아 당황스러웠다. 김혜자의 극 중 이름이 이은심이라는 사실을 아는 사람이 몇이나 될까? 고두심은 박은영, 일용 엄니 김수미는 김소담이라는 현대적 이름임을 기억하는 사람이 있을까? 일용 처 김혜정 배우의 극 중 이름은 김혜숙이지만 드라마에서는 성도 없이 서흥이라고 불렸다(그녀는 서흥 김씨였다). 당시 여성들은 자신의 이름보다는 주로 누구의 엄마나 누구의 부인으로 불렸다. 지금 돌아보면 젠더 감수성이 떨어지는 내용도 많아 깜짝 놀랄 때가 있지만 옛날은 옛날로 박제되어 남았다.

「전원일기」는 1980년부터 2002년까지 23년 동안 1,088부작으로 막을 내린 대한민국 최장수 드라마다. 출연 배우들이 좀처럼 다른 프로그램에 중복 출연하지 않아 한때 다큐멘터리라는 우스갯소리도 있었는데, 우리가 알고 있는 양촌리는 가상공간이다. 유인촌 배우가 양촌리 청년회장을 거쳐 문화체육관광부 장관을 하던 시절, 「전원일기」를 기네스북에 등재하기 위해 노력했지만 초기 촬영본이 분실되어 실패했다고 한다. KBS는 「전원일기」의 대항마로 1990년 「대추나무 사랑 걸렸네」를 방영했는데, 그 인기를 따라잡지는 못했다.

「TV 문학관」은 「전원일기」만큼 유서 깊은 프로그램이다. 유튜브에서 한두 편씩 재미로 보는데, 우리 문학사의 굵직한 작품들이 모두 모여 있다. 「문예 극장」을 시작으로 「HD TV 문학관」까지 여러 번 개명을 거쳐 2011년 종영했다. 당시 「TV 문학관」은 신인 여배우들의 등용문이었다. 비슷한 시기 MBC 「베스트셀러 극장」도 당시 신진 작가들의 작품들을 재미있게 풀어냈다. 많은 이들이 기억하는 홍학표·채시라 주연의 '샴푸의 요정'은 「베스트셀러 극장」의 빅 히트작이다.

가끔 옛날 드라마를 보는 이유는 '옛날'이 거기 고스란히 담겨 있기 때문이다. 이제는 사라진 공간들, 낡아버린 옛날 물건들이 드라마 속에서는 반짝반짝 살아있다. 당시 의복 양식과 주거 공간의 형태, 식생활, 유행하던 물건들을 보여주는 옛날 드라마는 사료로서 의미도 깊을 것이다. 내용은 제쳐두고 옛날 드라마를 음미하면 재미 이상의, 착한 시절의 그리움이 밀려온다.

복잡한 서사구조의 드라마에 익숙해진 요즘의 눈으로 보면 빤하고 심심하지만, 지금은 찾아볼 수 없는 사람들의 선함이 고스란히 담겨 있다. 모르는 사람이 말만 걸어도 흠칫 물러나는 요즘과는 사뭇 다른 정서가 있다. 다소 거칠지만 사람과 사람의 관계가 어떻게 만들어지고 서로 정을 나누었는지 드라마를 통해 볼 수 있다.

어떤 드라마였을까. 잠결에 눈을 뜨니 주인공은 사라지고 버스 정류장에 노을이 지는 장면이 보인다. 어디로든 나를 데려다줄 버스가 올 것만 같다. 저 정류장에서 버스를 타고 가면 응암동 우리 집이 나오겠지. 젊은 엄마 아빠와 여동생과 저녁 준비하는 할머니가 나를 반겨주겠지. 난지도 냄새가 밀려오는 골목 끝 남색 철대문을 열고 들어가면 죽은 목련나무가 다시 살아 있겠지. 그리운 공간에는 갈 수 있지만 그리운 시간에는 갈 수 없다. 옛날 드라마를 보다 눈물이 한껏 나는 이유는 호르몬 탓일지도 모르겠다. 미리 온 가을 탓이거나.

반복해서
반복하면

나에게서 벗어나고 싶을 때가 있다. 지루하고 비루하고 지겹고 참담하여 나를 외투처럼 잠깐 벗어둘 수 있다면 좋겠다. 유체이탈이라도 할 수 있다면 좋겠지만 공력 높은 도인이나 히말라야 수행자도 아니니 답이 없다.

내 감각의 총합이 '나'이다. 인간은 감각 정보를 통해 시시각각 자신의 존재를 인지한다. 입력되는 오감을 종합해 생각이란 것을 하게 된다. 아프다, 맛있다, 멋있다, 배고프다, 슬프다, 아름답다, 짜증 난다 등 감각을 통한 사고의 일체는 기억으로 저장된다. 그리고 이 과정에서 크고 작게 고통이 생겨나는 것이다. '일체개고一切皆苦'다. 사람을 만나는 일도 사랑하는 일도 밥

먹는 일도 걷는 일도 무엇도 고통을 수반한다. 여기가 지옥이 아닐까 싶을 때가 있다. 불구덩이에 던져지고 살 뜯기는 곳이 지옥이 아니라, 인간이 인지하지 못하도록 신이 정교하게 설계한 지옥 말이다.

 자신에게서 벗어나는 가장 쉬운 방법은 몰입이다. 어린 시절 만화를 볼 때 누가 옆에서 말해도 들리지 않았다. 어른이 되면서 몰입 능력은 점차 퇴화됐지만 어릴 적에는 만화를 보는 일이 만화 속에 내가 있는 일과 다르지 않았다. 공익 근무 시절 용산에 있던 서울우편집중국에서 일했다. 몸은 정말 피곤했지만 마음은 그 어느 때보다 편안했는데, 단순 반복 노동을 통해 얻은 평온이었다.

 나는 강서구 동별 구분대 담당이었다. 수많은 네모 칸으로 구획된 책장 모양의 작업대 앞에서 박스에 담긴 편지들을 동별로 분류해야 했다. 처음에는 한 뭉치의 편지를 들고 동을 확인해 집어넣는 동작이 어색하게 이어지지만 반복하다 보면 요령이 생기고, 몸을 현란하게 움직이게 되는데 그 모습이 무예 동작처럼 느껴지기도 했다. 나름의 리듬을 만들어 집중하다 보면 한 시간이 금방 지나갔다. 이마에 흐르는 땀방울을 닦으며 노동의 뿌듯함을 느꼈다. 당시 서울우편집중국에 근무했던 박계장님은 내 모습을 어쩌면 이렇게 회고할지도 모른다.

동별 구분을 하는 그의 모습은 흡사 이소룡의 무예와 같았다. 손동작은 자취만 남은 물의 흐름과도 같았다. 우편물은 손에 들리기도 전에 구분대 안에 들어 있었다.

_____ 서울우편집중국 박계장

(아뵤!)

내가 사라지는 감각, 나는 이 세계의 일부라는 자각과 함께 이르는 무아無我의 순간, 상위인지metacognition가 가능해진다. 내가 나를 객관적으로 내려다보는 새로운 감각에 눈뜨게 됐다. 이를 통해 내가 사라지고 행위만이 존재하는, 다시 말해 내가 우편물이고 우편물이 나가 되는 물아일체의 경험을 체득했다. 우편집중국에서 집중하는 법을 배운 셈이다.

이런 경험을 제공하는 일들은 생각보다 많다. 단순하고 반복적인 일이면 무엇이든 좋다. 「생활의 달인」 프로그램에 나오는 다양한 주인공의 일들이 그렇다. 인터넷 검색창에 '포장 부업'을 치면 쇼핑백 붙이기부터 다양한 단순 손작업 부업 사이트가 나온다. 시간 나면 도전해볼 생각이다.

얼마 전 갓이 찢어져 뼈대만 남은 조명등이 아까워 리폼을 해보기로 했다. 중국 쇼핑몰 알리익스프레스에서 색실을 주문하고 둥근 철사에 한 올 한 올 묶어 발을 만들었다. 자르고 묶고 자르고 묶고 틈만 나면 이 작업에 몰두했다. 실이 모자랐다. 쇼핑몰에 실을 주문했다. 보름 뒤에 도착했다. 자르고 묶고 자르

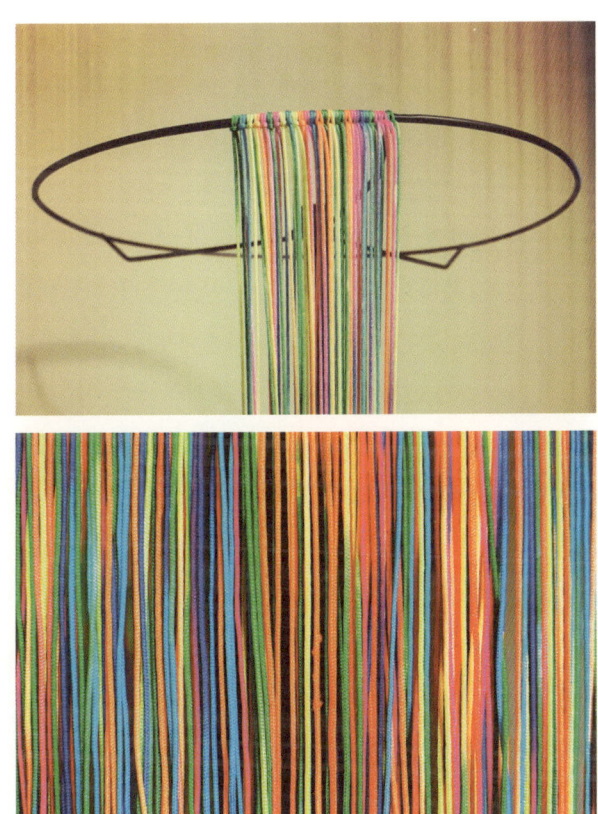

실이 모자랐다. 다시 실을 주문했다.
자르고 묶고 자르고 묶기를 어언 두 달,
조명을 완성했다. 마음 복잡할 때 틈틈이 했던 이 일은
마음에 평화를 주었다.

고 묶었다. 실이 모자랐다. 다시 실을 주문했다. 자르고 묶고 자르고 묶기를 어언 두 달, 조명을 완성했다. 그냥 하나 살 걸 그랬다. 머릿속이 복잡할 때 틈틈이 했던 이 일은 마음에 평화를 주었다. 한 가지 일의 끝까지 가본 사람만 느끼는 무언가가 분명 있다. 마라톤 완주자가 달리기에 대해 느끼는 감정은 체력장 100미터 달리기 경험이 전부인 사람과는 다를 것이다.

단순 반복 작업은 인간의 능력이 얼마나 대단한지 단시간에 깨닫게 해준다. 하나의 일에 자신감이 붙으면 다른 일에도 자신감이 생긴다. 이것은 삶에 과열된 나를 식히는 방법으로, 수행자들의 명상법과도 닿아 있다. 명상의 기본적인 방법의 하나가 신체의 한 감각에 집중하는 것이다. 이를테면 눈을 감고 호흡에만 집중하거나 눈을 감은 상태로 하나의 점을 상상하고 바라보는 것인데, 단순 반복 작업은 이런 효과를 생활 속에서 체험하게 해준다.

반복의 무아지경에서 돌아오면 나의 자리가 보이고 내가 보인다. 곳곳에 근심 걱정으로 뒤엉킨 마음의 줄들이 잠시 끊어지고 본래의 나를 만날 수 있다. 이누이트족은 화가 나면 무작정 걷는다. 그리고 화가 풀릴 때 즈음, 화가 났던 자신을 돌아보며 왔던 길을 되돌아간다. 단순한 일에 몰입했다가 다시 나라는 존재를 인지하게 될 때 화났던 일들, 짜증 났던 일들을 조금 멀리서 바라보게 된다. 반복과 몰입은 생활에서 입력된 수많은 정보로 인해 감각이 비대해진 나를 기본값의 나로 돌려놓는 일이다. 지금은 사라진 서울우편집중국에서 다시 일주일만 일해보고 싶은 요즘이다. 박계장님, 건강하세요.

노래가 오는
시간

1.

노래는 어디서 오는 걸까. 음악을 배운 적 없는 아이가 저절로 흥얼거리는 멜로디는 어디에서 오는 걸까. 음악이 좋았다. 혹자는 음악이 지구에서 합법적으로 허용된 유일한 마약이라는 농담도 하는데, 음악을 들으면 시간이 확장되고 공간이 바뀌며 감정은 증폭된다. 음악이 정말 좋았다. 하루라도 음악을 듣지 않으면 살아있는 기분을 느낄 수 없었다.

피타고라스가 음의 기초를 정리한 이래로 전 세계에서 수많은 명곡이 탄생했고, 평생 음악을 들어도 죽을 때까지 다 듣지 못할 만큼 음악의 홍수 속에서 우리는 살아간다. 이렇게 좋은 음악이 많은데 나는 왜 음악을 듣는데 그치지 못하고 만들고 싶기까지 했을까. 음악을 듣고 내 안에서 태어난 감정을 다시 음악에게 돌려주고 싶은, 이를테면 음악에게 답장을 쓰고 싶은 어린 마음이었을 것이다.

2.

대학에 합격하던 해 친구 대현이에게 기타를 배우면서 음악에는 '코드 진행'이 있고 그건 수학의 공식이나 규칙 같은 것이라는 사실을 희미하게 알게 되었다. 처음 느껴보는 종류의 재미였다. 대학교 1학년의 나에게는 학교 방송국과 기타가 전부였다. 온종일 기타만 쳤다. 하나만 하는 사람은 하나 안에서 깊이 나아간다. 자신도 모르게 깨닫는 것이 생긴다. 다른 음악가들이 만든 곡의 코드 진행에 다른 멜로디를 입혀보았다. 음악에서 비슷한 코드 진행은 많으니 표절까지는 아니고 나름의 창작이었다. 어렴풋이 음악 비슷한 것을 한 곡 정도는 만들 수도 있겠다 싶었다.

손은 가끔 저절로 움직이기도 했다. 손이 만드는 음악도 있다고 믿는다. 이 코드 저 코드 이 음 저 음을 더하다 우연히 멋지게 느껴지는 울림이 만들어지면 그걸 그림으로 그려두고 기억했다. 악보 보는 법을 배운 적은 없으니까. 좋은 화성이란 저절로, 마음으로 아는 것이 아닐까 생각했다. 들어왔던 수많은 음악 속에서 무의식적으로 규칙을 발견하고 머리가 아닌 마음의 작용을 통해 자연스레 음악을 배워왔을지도 모른다. 그런 앎은 또 다른 세계에 다리를 놓아준다.

 코드도 겨우 잡던 내가 어느 순간 음률을 만들고 화성을 쌓고 음악 쪽으로 나아가고 있었다. 손이 우연히 어떤 음들을 만들면 음이 음을 쫓아가고 화성이 되고 멜로디도 동시에 태어났다. 단어가 문장을 만들고 문장이 다음 문장을 데려오는 글쓰기 방식과 같았다. 그게 신기해서 기타를 멈출 수가 없었다. 「빈방」이라는 나의 첫 곡은 그렇게 만들어졌다. 내 머릿속에만 있는 그 곡은 Gsus7으로 시작하는 핑거스타일 연주곡이다. 기형도 시인의 시 「빈집」을 생각했는지, 집 밖으로 나갔을 때 비어 있는 나의 방을 떠올려본 것인지는 알 수 없지만 제목은 「빈방」이었다. 손을 더듬더듬 움직여 만든 그 곡을 반복해 연주하면서 목공 장인의 사포질처럼 음을 다듬어갔다. 이리저리 끙끙대고 만든 곡이 제법 음악 같아졌을 때 처음 느낀 희열을 어떻게 표현할 수 있을까. 작은 성공에 대한 기억은 조금 더 커다란 다음 성공을 불러온다. 눈을 굴려 눈사람을 만들 듯 틈만 나면 나는 기타를 잡고 있었다.

3.

 듀오 '어떤날'을 얼마나 좋아했는지 내가 가진 수사법으로는 다 표현할 수 없다. '어떤날' 음반을 반복해 듣던 시절, 음악가 조동익과 이병우가 궁금했다. 당시 기타리스트 이병우는 오스트리아 유학 중이었고, 그렇다면 조동익의 얼굴을 멀찍이서라도 한번 보고 싶었다. 아미들이 BTS를 생각하는 마음 이상이었다. 무작정 '유재하 음악경연대회'에 나가야겠다고 생각했다. 조동익은 그 대회의 심사위원이었다.

1차 심사를 통과한 사람들이 본선 무대에 오른다고 했다. 곡을 써야 했다. 만들다 막혀 있는 곡 중 마음에 드는 곡 하나가 떠올랐다. 늘 하던 방식대로 기타에 매달려 현을 더듬더듬 짚으며 노래를 만들었다. 마루에서 곡을 거의 다 완성했을 때 저기 감나무 위 좀 보라며 엄마가 탄성을 질렀다. 머리에 붉은 벼슬이 있는 새 떼가 마당의 목련나무 위에 몰려들었다. 빛을 받은 검정 몸에서는 푸른 기운이 돌았다. 태어나 처음 보는 새였다. 곡의 제목은 「푸른 새」가 되었다.

> 황혼을 차고 부는 바람은 분주한 거리 위로 사람들의 한숨을 차츰 몰고 오네요
> ——「푸른 새」 중에서

내가 활동하던 학교 방송국에서 노래를 녹음했다. 대회 예선에 제출할 데모 테이프를 만들어야 했다. 제작부 인성이가 도와주었다. 그리고 녹음이 끝난 후 한마디를 했다. "야, 이 곡으로 상 받으면 내가 내 손에 장을 지진다." 인성이가 안타까웠다. 태어나서 처음으로 사람 손에 장을 지지는 걸 보게 되는 건가?

코드도 겨우 잡던 내가
어느 순간 음률을 만들고 화성을 쌓고
음악 쪽으로 나아가고 있었다.

이리저리 끙끙대고 만든 곡이
제법 음악 같아졌을 때
처음 느낀 희열을 어떻게 표현할 수 있을까.

이상한 자신감으로 가득 차 있었다. 무대에 서는 연습을 하기 위해 학교 방송국 옆 매점 앞에서 기타를 치고 노래를 불렀다. 이름이 악樂인 김락 형이 도와주었다. 노래를 잘 부르지 못하는 나였지만 꽤 뻔뻔하게 해냈다.

데모 테이프도 완성했고 연습도 열심히 했는데 문제는 악보였다. 대회 규정상 그 두 가지를 제출해야 하는데, 악보를 그리기는커녕 전혀 볼 줄도 모르니 난감했다. 친구 승현이가 학교 정경대 후문 지하 어떤 카페에 가면 기타를 아주 잘 치는 분이 계신다고 했다. 박카스 한 박스를 사 들고 저녁에 찾아갔다. 소파에 누워 있는 한 사람이 보였다. 짐작건대 숙취에 시달리는 듯했다. 여기 기타 치시는 분이 있다고 들었다고 물어보니 그게 본인이라며 피곤해 보이는 몸을 일으켜 세웠다. 악보가 꼭 필요한 사정 설명을 듣더니 그는 흔쾌히 허락했다.

나는 구석에 있는 기타를 가져와 연주했고 그는 그 음들을 오선지에 적어갔다. 내가 만든 곡을 눈으로 보는 첫 경험이었다. 악보로 옮겨진 내 곡이 신기해서 몇 번이나 쳐다보았다. 여러 번 감사하다고 허리 숙여 인사하고 카페를 나왔다. 그가 『이정선 기타 교실』과 양대 산맥인 『강효순 기타 교실』의 저자라는 사실을 안 것은 대회가 끝나고 오래 지난 후였다.

4.
데모 테이프를 양재동 어딘가에 제출해야 한다고 했다. 맑은 가을날이었다. 강남을 낯설어하던 나는 처음으로 양재동에 갔다. 작은 사무실에서 접수를 받던 사람은 전년도 대회 수상자 중 한 명이었다. 그가 부러웠다. 컴퓨터로 서류를 정리하던 그는 잠시 뒤돌아보며 지원서와 악보 테이프를 책상 위에 두고 가면 된다고 했다.

그때부터 마음이 쿵쾅거리기 시작했다. 좀 걸어야겠다 싶었다. 진한 낙엽 냄새가 나는 거리는 한적했고 큰 플라타너스 잎 몇 개가 천천히 가을빛을 받으며 낙하하고 있었다. 참가에만 의의를 두고 싶진 않았지만 여기까지 온 것만 해도 대단하다는 생각이 들었다. 스스로 대견해 안아주고 싶었다.

전화를 받았다. 본선에 오르게 됐다고 했다. 천장까지 펄쩍 펄쩍 뛰었다. 엄마는 큰일이 났냐며 달려왔고 그때까지 나는 펄쩍펄쩍 뛰고 있었다. 심리 묘사가 아니라 물리적 사실로서 몸이 저절로 뛰고 있었다. 대학교 합격했을 때와는 비교도 되지 않을 정도로 기뻤다.

태어나 무대에 처음 서는 그날은 김장을 준비하기 위해 항아리를 마당에 묻는 날이었다. 엄마는 삽질을 시켰고, 나는 오른쪽 손톱이 부러질까 장갑도 두 개를 끼고 조심스럽게 삽질을 했다. 삽질은 언제 끝나는 것일까. 김장독 세 개 묻을 구덩이를 다 파고는 큰 한숨을 쉬었다. 엄마는 오늘이 대회였지 하며 미안하다고 말했지만, 이마에는 땀이 맺혀 있었다.

유재하 음악경연대회는 당시 상금이 가장 큰 대회였다. 대학

가요제 대상이 300만 원이었는데 유재하 음악경연대회 대상에게는 500만 원의 장학금이 수여됐다. 장소는 대학로 학전 소극장. 김광석이 무대에 서던 곳에 내가 오를 수 있다니 꿈만 같았다. 가수 유열의 사회로 대회는 시작됐다. 처음 서보는 무대 위에서 무사히 인터뷰와 노래를 마쳤다. 정말이지 이게 어디냐 싶었다. 음악을 배운 적도 없이 이런 대회에 나올 수 있다니. 동상을 받았고 넘치도록 기뻤다.

꿈에 그리던 뒤풀이가 시작되고 많은 덕담을 들었다. "기타가 참 좋네"라는 '들국화' 최성원의 짧은 이야기부터 "가사가 독특하다"고 해준 '더 클래식' 박용준의 따뜻한 격려까지 내가 좋아하는 음악가들을 이렇게 가까이에서 만날 수 있다는 사실이 믿어지지 않았다. 새로운 세계의 문을 열고 비밀을 엿보는 기분이었다.

그날 나는 '어떤날' 2집 테이프를 주머니에 넣고 갔다. 내가 '어떤날'을 얼마나 좋아하는지 조동익에게 보여주기 위해서였다. 그는 멋쩍게 웃으며 소주 한 잔을 따라주었는데, 그게 너무 비현실적이어서 30분 동안 잔을 들고 마시지 못했다. 몇 년을 머릿속으로만 그리던 순간에 드디어 도착한 것이었다. 너무 많이 상상해서 익숙한 장면이었다. '꿈은 이루어진다'는 추상적이고 막연한 말은 2002년 전에도 존재했고 이루어졌다. 만취해 일어났을 때 창밖에는 큰눈이 내려 있었다. 전날의 일들이 꿈이 아니었나 불안한 마음에 허겁지겁 상장을 확인하고 다시 잠들었다.

  IMF의 여파로 기념음반이 나오지 못했지만, 누군가 내가 만든 어설픈 음악을 들어주고 인정해주었다는 사실 하나만으로도 기뻤다. 그 후 취업 준비로 음악의 꿈을 잠시 미뤄둔 시간이 있지만 2010년 에고트립EgoTrip이라는 활동명도 지었고 「몽유도원도」와 「Zurich」가 수록된 첫 싱글 음반 '봄, 밤'을 발매했다. 2013년에는 「걷는다」와 「사막별」이 수록된 싱글 음반 'go trip'을 만들었다.

  아직도 내게는 발표하지 못한 많은 음악이 있다. 나의 게으름으로 인해 머릿속에만 갇혀 있는 그 음악들에게 미안해진다. 가끔 생각한다. 노래란 어디서 오는 것일까. 음악은 어떻게 태어나는 것일까. 구름처럼 끊임없이 모양을 바꾸다 이내 사라지는 음악은 무엇이길래 만드는 이나 듣는 이나 모두 빠져들고 마는 것일까. 나는 여전히 음악이 좋고, 대답할 수 없는 질문은 아름답다.

기타
둥둥

대학교 1학년. 게임이나 당구에도 취미가 없었다. 수업도 열심히 듣지 않았다. 나보다 키 큰 분이 나온 소개팅과 번호를 밀려 쓴 학력고사팅(당시 주선자는 전 SBS 아나운서 정지영이었다는 여담) 이후 연애를 못 했으니 할 일이 별로 없었다. 집에 오면 텔레비전을 보거나 음악을 틀어놓고 누워 뒹굴뒹굴하는 게 전부였다. 저녁 5시에 애니메이션 「시간탐험대」를 보는 게 그나마 정기적인 일과였다. 심심했다. 페트병을 오려 벽에 링을 만들고 탁구공을 농구공 삼아 던지며 놀기도 했다.

심심했다. 심심할 때마다 관심은 기타에 갔다. 방 한편에 크리스마스트리처럼 서 있는 기타는 나를 좀 연주해달라고 구애하는 것 같았다. 기타가 좋은 건 혼자 연주할 수 있다는 점이었다. 다른 사람 앞에서 악기를 연주하는 건 떨려서 엄두가 나지 않았다. 직업 특성상 지금은 대단히 사회화되었지만, 천성은 매우 내성적이다. MBTI 검사 결과도 INFJ다.

1학년 말이 되었을 때 기타에 미쳐 있었다. 기타를 안고 잠들기도 했다. 기타라는 삽으로 나의 안쪽을 파고 있었다. 삽질을 이어갈수록 내 안에 음악이 쌓여갔다. 그렇게 기타는 내 삶의 아주 중요한 사물이 되었다.

기타는 독특한 악기다. 사람과 많이 닮았다. 수명이 인간과 비슷하다. 기타 종류에 따라 다르겠지만, 고쳐 쓰지 않는다면 대체로 80년을 넘기기 힘들다. 바이올린처럼 나무 하나를 통으로 파거나 두 개의 나무를 붙여 만드는 현악기와 달리 서너 개의 다른 목재를 붙여 만든다. 이 때문에 습도에 취약하다. 목재마다 팽창하고 수축하는 정도가 다르니 습도와 온도에 따라 접합 부위가 어긋나게 되고 모양을 되돌리기 쉽지 않다.

기타는 인간이 가장 살기 좋다는 습도(상대습도 45~55퍼센트)에서 최고의 소리를 만든다. 인간의 감성이 고조되는 봄가을에 좋은 소리를 낸다. 대부분의 나무 악기들이 마찬가지겠지만 소리가 트이는 데까지 시간이 걸린다. 사람처럼 발성 연습을 잘해야 소리를 잘 내게 된다. 악기를 길들이는 에이징aging 과정인데, 나무의 세포 안에 들어 있는 송진 등의 이물질이 소리의 진동을 받아 깨지고 공간이 생겨난다. 이 공간은 소리를 머금게 되고 기타의 목소리는 시간이 흐를수록 좋아진다.

기타를 안고 칠 때 마음은 사람을 포옹할 때와 같다. 첼로처럼 안고 연주하는 악기의 매력을 기타는 가장 잘 보여준다. 심장 가까이 나무판이 울리고 그 울림은 온몸으로 전달된다. 연주하는 사람이 듣는 기타의 소리는 타인이 듣는 소리보다 훨씬 풍성하게 느껴진다. 귀로 듣지만 몸으로도 듣게 되기 때문이다. 기타는 연주자에게 신실하고 충직한 반려 악기다.

기타는 만만하게 시작해 빨리 포기하는 악기다. 포기하게 되는 이유는 대부분 두 가지다. 첫째 '바레 폼barre form'이라고 하는 '하이 코드high cord'를 잡는 데 어려움을 겪고 배움을 멈추게 된다. F나 Bm처럼 자주 사용하는 코드는 기타의 한 프렛fret 즉, 6개의 현과 수직으로 된 기타의 한 칸을 집게손가락으로 모두 감쌀 수 있어야 한다. 이게 끝이 아니다. 나머지 손가락으로 다른 지판의 음을 짚어야 하는 데 익숙해지기까지 여간 까다로운 게 아니다. 제대로 소리가 나기까지는 오랜 수련이 필요하다. 두 번째 이유는 굳은살이다. 대부분의 현악기가 그렇겠지만 현을 누르는 왼손에 굳은살이 박인다. 맨살이 딱딱해지는 동안의 고통은 기타를 결국 내려놓게 만든다.

앞서 언급한 두 가지 난관을 잘 극복하면 기타의 베이스캠프까지 도달한 셈이다. 프로 연주자가 될 계획이 아니라면 웬만한 곡들의 코드를 짚어 어설프게 노래하는 교회 오빠가 될 수

연주하는 사람이 듣는 기타의 소리는
타인이 듣는 소리보다
훨씬 풍성하게 느껴진다. 귀로 듣지만
몸으로도 듣게 되기 때문이다.
기타는 연주자에게 신실하고 충직한 반려 악기다.

있다. 물론 교회 오빠는 어설퍼서는 아니 되니 세 곡 정도 제법 그럴싸하게 연주해야 한다. 두 곡의 레퍼토리와 한 곡의 앙코르곡이 필요하다. 교회 동생들은 다시 새로운 곡을 요청하겠지만 손으로 앞머리를 쓸어 넘기며 쑥스럽게 말해야 한다. "오늘은 여기까지." 그리고 반쯤 웃으며 자리를 떠야 한다. 많은 이들이 그렇게 교회 오빠가 되었다.

기타리스트 이병우 1집의 난곡難曲「새」를 처음 치게 되었을 때의 기분을 잊지 못한다. 더듬더듬 첫 마디를 시작한 이후 한 달 넘게 연습해 기어코 연주했을 때의 성취감은 특별했다. 악기를 배우고 싶은가? 그렇다면 간절히 연주하고 싶은 단 한 곡만 연습하는 방법을 권한다. 엄청나게 어려운 곡이 아니라면 연습을 통해 어떻게든 한 곡은 마스터할 수 있게 된다. 이것이 출발점이다. 이후 레퍼토리를 늘려가면 자연스레 실력이 향상되며 애정도 깊어간다.

누구나 악기 하나쯤은 배웠으면 한다. 언어가 닿을 수 없는 위로는 악기가 만들어내는 음악 속에 있다. 나에게 집중해 새로운 감각을 열고 펼치는 그 일을 꼭 해보기를 바란다. 악기를 배우기에 늦은 나이란 없으니까. 그리고 우리의 배움 앞에는 언제나 '유튜브'가 있으니까.

믹스 테이프

0.

창고에서는 의외의 물건들이 튀어나온다. 이사를 앞두고 창고 정리를 하다 카세트테이프가 담긴 상자를 발견했다. 대학교 2학년 때 명환이에게 빌린 '공일오비' 1집과 대현이에게 빌린 '퀸' 베스트 앨범을 20년이 넘도록 돌려주지 못했다. 이제는 기능이 사라진 추억의 사물에 불과하다. 지금 음악을 듣는 디지털 방식도 놀랍지만, 마그네틱테이프라는 매체 또한 신기하다. 벚꽃이 지는 속도에 가까운 초당 4.75센티미터로 흘러가는 음악이라니.

리와인드, 패스트 포워드, 포즈, 스톱, 플레이 버튼이 달린 오래된 소니 워크맨도 발견했다. 공사 현장에서 유적이 발견돼 공사가 지연되듯, 창고 정리는 미뤄두었다. 유물 같은 테이프들을 방에 가져와 물티슈로 닦고 하나하나 열어보았다. 아쉽게도 들을 방법이 없었다. 카세트테이프는 들을 수 없는 오래된 음악의 집이었다.

1.

BTS의 뷔와 슈가가 믹스 테이프Mixtape를 발표해 화제가 되었다. 하긴 숨만 쉬어도 화제가 되는 뮤지션들이니 특별한 일은 아니지만 어린 팬들은 믹스 테이프가 무슨 뜻인지 궁금했을 것이다. 카세트테이프와 연필을 놓고 두 사물의 관계를 물으면 의아해하는 세대니까(예전에 카세트테이프가 고장 나면 연필을 두 개의 구멍에 꽂아 돌리며 테이프를 살렸다).

믹스 테이프는 힙합 문화의 일종으로 1960년대에 처음 생겨났다. CD나 음원 유통 사이트가 아닌 사운드 클라우드 등 온라인상에서 무료로 공개되는 노래나 앨범을 의미한다. 또한 클럽 DJ들이 자신의 디제잉 실력을 보여주기 위해 믹싱해 인터넷상에 올리는 음악 모음도 믹스 테이프라고 한다. 예전에는 당시의 히트곡을 모으거나 선물용으로 선곡해서 만드는 테이프를 믹스 테이프라 불렀다.

카세트테이프는 휴대용 CDP가 등장하기 전까지 집 밖에서 자신이 좋아하는 음악을 들을 수 있는 유일한 매체였다. 일본 소니 사의 특정 제품명이지만 휴대 음향기기의 대명사가 되어버린 '워크맨Walkman'은 방구석 음악 감상의 감성을 외부로 확장한 놀라운 물건이다. 거리를 걸으면서 좋아하는 음악을 들을 수 있다니 그 기분을 요즘으로 따지면 AR, VR의 신기함에 비할 수 있을 것 같다. 이어폰을 끼고 영화의 주인공처럼 거리를 걷는 80년대 젊은 세대의 모습은 힙해 보였다.

소니 워크맨을 처음 선물 받은 날을 기억한다. 최첨단 오토리버스 기능이 있는 제품이었다. 지금 보면 별것 아니지만, 테이프를 빼서 B면으로 뒤집지 않아도 되는 혁신적인 기술이었다. 버튼을 누르면 딸깍하고 마그네틱 헤드가 반대로 돌아가는 소리가 들렸다. 이 기기로 이문세 4집과 유재하의 처음이자 마지막 앨범, 그리고 아버지가 선물해준 앤디 윌리엄스Andy Williams의 베스트 모음집을 자주 들었다. 얼마 뒤 샤프 사의 더블데크 카세트 플레이어도 구매했다. 카세트테이프를 두 개나 넣을 수 있었다. 데크 A에 테이프를 넣고 데크 B로 복사할 수 있었다. 음향 전문가가 된 듯 우쭐해하며 친구들에게 음악을 녹음해주었다.

2.

대현이는 기타를 잘 쳤다. 또래 중학생 여자애들한테 잘 보이기 위해 기타를 치던 아이들과 달랐다. 클래식 음악에도 관심이 깊었다. 악기라고는 아무것도 다루지 못하던 나와 기타를 잘 치던 대현이는 카세트 라디오로 어설픈 녹음 방송을 만들었다. 당시 듣던 MBC 라디오 이문세의 「별이 빛나는 밤에」의 방송 내용을 패러디했는데, 제목은 '할 일 없는 그대에게'였다.

> 안녕하세요. 할 일 없는 그대에게 이상협입니다. 오늘도 할 일 없이 기타 치는 김대현 씨 모셨습니다. 먼저 광고 들으시죠.
>
> (sound effect 지하철 도착 벨소리) 종로5가 보령약국…. 일요일은 쉰댄다. (BGM: 타레가, 「로망스」) 오빠 듣고 있어? 사랑을 이야기할 땐 세고비아 기타. 인간인가 오디오인가? 커뮤니케이션 오디오 쾨헬 완투쓰리!

광고까지 직접 육성으로 흉내 내 담았다. 대현이는 칠 수 있는 곡들을 모두 연주했고 나는 태어나 진행 비슷한 일을 처음 해보았다. 그때의 나는 알았을까. 훗날 매일 마이크 앞에 서는 일을 하게 될 줄을. 선경 스마트 테이프에 담았던 그 소리들이 내내 궁금하다.

3.
고등학교 때부터 가장 많이 듣던 테이프는 '어떤날' 2집이었다. '어떤날'에 관해서라면 논문이라도 쓸 기세로 눈을 반짝이던 시절이다. 그때 나를 키운 것이 무엇이냐 묻는다면 8할은

'어떤날'이라고 답하겠다. 문학과 음악과 삶을 대하는 태도를 나는 '어떤날'에서 배웠다. 일면식도 없는 음악가 조동익과 이병우를 사숙했다. '어떤날'만큼 내 청년기를 지배한 음악은 없었다. 최고의 기타리스트와 최고의 편곡자이자 베이시스트가 당대 최고의 음악에 최고의 문학적 가사를 입혀 만든 음반이었으니까. 1집의 타이틀 곡 「하늘」을 처음 듣던 날의 충격이 아직도 생생하다. 도입부 기타 반주는 놀랍도록 아름다웠다. 89년에 '어떤날' 2집이 나왔고, 하루에도 두세 번씩 들었다. 적게 잡아도 5,000번 이상은 들었을 것이다. 곡과 곡 사이에서 발생하는 특유의 잡음까지 기억했다. 테이프와 테이프를 받치는 작은 스펀지 사이에는 2밀리미터가량의 먼지가 두껍게 끼어 있었고, 이것은 나의 자랑거리였다. 무수히 들어야만 생기는 흔적이니까. '어떤날' 1집과 2집은 아직도 머릿속에서 저절로 재생되는 음반이다. 창고를 정리하며 '어떤날' 2집 테이프가 발견되길 간절히 바랐으나, 찾는 것만 안 보이는 것이 창고의 특성이다.

4.

재수해서 겨우 대학에 합격한 그해 겨울, 스스로 주는 선물로 낙원상가에서 5만 원 주고 기타를 샀다. 대현이가 함께 가주었다. 스무 살에 처음 기타를 배운 곡은 이문세 1집의 「그대와 영원히」였다. 코드 여섯 개면 가능했던 그 곡을 처음 대현이에게 배웠다. 어느 겨울날 재욱이랑 대현이를 불러 집에서 노래하고 놀았다. '이정선 기타 교실' 시리즈에 수록된 곡들이었다. 500원짜리 최신 히트가요 핸드북보다 훨씬 음악가답게 연주할 수 있는, 타브Tab 악보가 있는 기타 교본이었다. 재욱이는 어릴 적부터 피아노를 잘 쳤고, 피아노와 기타 한 대면 그럴듯한 음악을 할 수 있었다. 레퍼토리는 여행스케치 1집 「별이 진다네」, 엘비스 프레슬리의 「러브 미 텐더」, 빌리 조엘의 「피아노 맨」 같은 곡들이었는데 대현이가 부르는 돈 맥클린의 「빈센트」는 압권이었다. 연주할 수 있는 곡들을 테이프 양면에 빼곡히 채운 우리는 마치 첫 음반을 낸 음악인처럼 어깨가 으쓱했다. 아침 일찍부터 만나 저녁까지 우리는 최초이자 마지막 음반을 만들었다. 시간이 흘러 대현이는 스위스 취리히에서, 재욱이는 미국 샌프란시스코에서, 나는 한국에서 우리는 각자 다른 시간을 살고 있다. 이 테이프는 또 어디로 사라졌을까.

5.

학교 방송국에서 일하며 좋았던 점은 엄청난 양의 음반을 마음껏 들을 수 있다는 것이었다. 생일을 맞은 친구나 좋아하는 사람이 생기면 짧은 멘트와 함께 테이프를 선물할 수도 있었다. '누구의 생일을 축하합니다'라는 말을 녹음한 후 그 혹은 그녀에게 어울리는 음악이 담긴 CD와 LP를 순서대로 쌓아놓았다. 믹싱은 PD 친구가 해주었다. 곡이 끝나는 부분과 다음 곡의 시작 부분을 맞물려 부드럽게 섞어서 녹음하는 기술은 당시

로서는 전문성이 느껴지는 신세계였다. 학교 방송국의 많은 선후배들이 회심의 믹스 테이프를 만들어 선물하고 사랑하고 대부분 헤어졌다. 그 공간은 이제 허물어져 사라졌지만 무엇이든 버리는 것을 잘하지 못하는 친구 어홍이는 그때 그 테이프를 가지고 있을지도 모른다. 전화해 물어봐야겠다. 풋풋했던 대학교 1학년 때의 내 목소리가 듣고 싶다.

6.
KBS에 들어와 처음 방송한 라디오 뉴스의 테이프가 남아 있다. 그때의 풋풋한 떨림을 듣고 낄낄대고 싶다가도 지금보다 그때 더 뉴스를 잘했으면 어쩌지 하는 불안감에 안 듣기로 했다.

7.
나는 믹스 테이프 전문가였다. 알려지지 않은 언더그라운드 음악도 많이 알았다. 사랑 고백용 믹스 테이프 제작 의뢰도 많이 받았는데 정교하게 잘 만들었다. 당시 공테이프는 세 종류였다. 음질이 좋은 순으로 메탈, 크롬, 노멀이었는데 때에 따라 번갈아 사용했다. 이성에게 줄 때는 음질이 좋은 메탈이나 크롬을 사용했다. 듣는 이가 지루하지 않도록 적당한 길이의 46분짜리 테이프를 선호했다. 그림도 좀 그렸으니 표지에 나름 예술혼을 얹어 실제 발매된 테이프의 느낌도 줄 수 있었다.

믹스 테이프를 만들 때 가장 큰 문제는 곡과 곡 사이에 '딸깍'

워크맨을 처음 선물 받은 날을 기억한다.
최첨단 오토리버스 기능이 있는 제품이었다. 지금 보면
별것 아니지만, 테이프를 빼서
B면으로 뒤집지 않아도 되는 혁신적인 기술이었다.

하는 버튼 소음이 들어간다는 점이었다. 그러나 나는 믹스 테이프 프로이자 장인이었다. CDP의 리모컨을 이용해 곡과 곡 사이를 부드럽게 넘겼다. 앞의 곡이 끝나갈 때쯤 다음 음반의 몇 번째 곡인지를 확인하고 리모컨으로 CD를 뺀다. 이후 재빠르게 다시 다음 CD를 넣고 리모컨으로 트랙 번호를 누르고 다음 음반의 음악을 플레이시켰다. 스톱 버튼을 누르지 않으니 잡음 없이 녹음할 수 있었다.

여기까지는 다들 할 수 있는 일이다. 그러나 테이프에 음악이 꽉 차도록 시간 계산까지 하는 건 어렵다. 나는 테이프의 한 면에 들어갈 수 있는 시간을 치밀하게 계산했다. 주로 짧은 1분 내외의 연주곡을 여러 곡 골라두고 시간에 맞게 테이프 한 면의 끝을 채웠다. 그래도 시간이 남으면 테이프를 분해하고 길이에 맞게 잘라냈다. 정성이 뻗쳤다. 싹수부터 정성을 다하는 국민의 방송 KBS에 들어올 인재였던 것이다.

요즘 중국 인터넷 상점에 카세트테이프를 MP3로 바꿔주는 테이프 플레이어가 등장했다. 3~4만 원대의 합리적인 가격이다. 집에 오래전 듣던 테이프가 남아 있다면 구매해서 음원으로 만들어보는 것도 재미있을 것 같다. 음악과 음악 사이에 들리던 카세트테이프 잡음이 듣고 싶을 때가 있다. 바람 소리 같기도 하고 시간이 흐르는 소리 같기도 했던 그 잡음은 기억 속에서만 재생된다.

오늘의 창고 정리는 망한 것 같다.

추천과
음악

2001년은 '밀레니엄'다웠다. MP3 파일을 기계에 넣어 듣는 시대가 왔다. 처음 산 32메가 용량의 MP3 재생기를 볼 때마다 나 자신이 미래에서 온 사람처럼 느껴졌다. 2메가 크기의 음악 15곡 정도밖에 넣을 수 없었지만 작은 기계에 이어폰을 꽂으면 깨끗한 음질의 음악이 들려왔다.

그렇게 몇 년 디지털 음악 생활에 경도되어 CD 구매 횟수도 줄던 때 '라스트 에프엠Last FM'을 소개해준 사람이 있다. 세상에는 '로드 맥퀸'과 '로드 맥퀸이 아닌 음악가'로 나눌 수 있다고 주장하는 음악 친구였는데, 이 세계의 비밀을 알려주듯 소리 낮춰 귀엣말을 했다. '음악을 좋아하시니까 라스트 에프엠

홈페이지 꼭 들어가보세요. 주소도 간단해요. 영어로 라스트 쩜 에프엠.' 다시 목소리는 커졌고 그는 사라졌다. 음악에 관해 허영심이 많았던 시기였다. 그러겠다고 하고 대수롭지 않게 여기다 오래 지나서야 우연히 그곳에 접속했다.

라스트 에프엠은 음악 플랫폼의 미래였다. 인공지능, AI라는 단어가 생소하던 시절, 음악 추천 사이트 오디오스크로블러Audioscrobbler를 합병했고 사용자의 음악 취향에 맞추어 다양한 곡들을 추천해주었다. 내가 어떤 곡을 몇 번 들었는지, 자신과 연결된 친구들은 어떤 음악을 듣는지 샅샅이 알려줬다. 2000년대 초반이었으니 앞서가는 기술이었다. 영국 사이트라는 사대주의적 믿음도 한몫했다.

사람밖에 할 수 없는 일이 있고, 특히 예술의 영역은 기술이 아무리 고도로 발전해도 침범할 수 없다고 생각했다. 음악 추천도 마찬가지라고 확고히 믿었는데 웬걸, 처음 접속한 라스트 에프엠에서 애정하는 뮤지션 '팻 메스니'를 입력하니 비슷한 유형의 음악가들이 줄줄이 나오기 시작했다. 10년쯤 음악에 굶주린 사람처럼, 컴퓨터 모니터를 뚫고 들어갈 듯 탐닉했다. 지금이야 스포티파이Spotify나 대부분의 국내외 음원 사이트도 제공하는 기능이지만 당시에는 그야말로 혁신이었다. 나만 알고 싶었지만, 소수 음악 애호가의 비기秘器로 남길 바랐지만, 입소문으로 퍼져나가는 데는 얼마 걸리지 않았다.

예전에는 누군가 음악을 어떻게 듣고 찾는지 물어보면, 먼저 한 명의 음악가에게서 시작해 관심사를 넓혀 나가는 방법을 알려주었다. 또 각 음반 회사의 특성을 설명해주며 '하나음악'에는 어떤 뮤지션들이 있고 '동아기획'도 이런 스타일이야, 라고 겸손한 목소리로 잘난 체를 했었는데 이제 그럴 필요가 없는 세상이 됐다. 라디오PD 홍범이도 종종 이런 현실을 개탄한다. 물론 당시 국내 뮤지션들의 경우는 라스트 에프엠에서 검색이 되지 않았고, 소위 언더그라운드 음악에 천착했던 나는 드물게 쓸모 있는 사람이 되기도 했지만 잠시뿐이었다. 미래는, 음악은 라스트 에프엠에 있었고 관련 기술은 도약했다.

이제는 내 음악 친구 명환이와도 음악 얘기를 잘 안 하게 되었다. 요즘 어떤 음악을 듣는지도 모른다. 텔레비전에서 나오는 음악이 어떤 곡인지 이젠 아무도 내게 묻지 않는다. '네이버 클로바' 음악 찾기나 '사운드하운드SoundHound' 앱을 켜기만 하면 되니까. 나만 아는 음악으로 어깨가 올라가던 시절이 가끔 그립다. 좋아하는 뮤지션의 음반 한 장이 발매되면 소개팅 직전처럼 마음이 설레던 시절, 믹스 테이프나 CD를 만들어 선물하고 뿌듯함을 느끼던 시절, 좋아하는 뮤지션의 신보가 발매되면 술자리 안주로 펼쳐두고 밤새 술과 음악에 취하던 그리운 라떼는 말입니다….

내가 태어난
날의 신문

인터넷 검색을 하다 우연히 아버지의 젊은 날 사진이 담긴 신문 기사를 발견했다. 제목은 '노래하는 아나운서 이규항'이고, 당시 아나운서의 유례없는 가수로서의 행보를 소개하고 있었다. 이화여대 메이퀸 대관식에서 짐 리브스의 「아일 비 홈」을 거뜬히 불러 갈채를 받았다는 내용과 가수로서 잘못 활동하면 전 아나운서들을 욕보일 수 있으니 앞으로 무대는 피하고 음반 취입만 하겠다는 뜻을 담은 짧은 인터뷰 기사였다. 흑백 사진 속에서 오른쪽 어딘가를 바라보며 팔을 난간에 멋스럽게 걸친 스물일곱 살의 아버지는 선우와 나를 많이 닮았다.

가수를 겸업하는 KBS 소속 아나운서가 MBC 드라마 주제가까지 부르는 일은 요즘도 상상하기 어렵다. 회사에는 겸업 금지 규정이 있기 때문이다. 나의 경우에도 첫 음반을 냈을 때 이와 관련해 아나운서 실장을 찾아가 자문을 구한 적이 있다. '에고트립'이란 가명을 사용하고, 나는 유명한 아나운서도 아니니 크게 문제되지 않을 것 같다. 그러나 전례가 없으니 어떻게 하면 좋겠냐고 묻자 실장은 답했다.

"왜 없니? 이규항 선배님, 네 아버지!"

생일을 맞는 이에게 태어난 날의 신문을 복사해서 선물하는 것이 유행인 적이 있었다. 예전에는 신문사나 국회도서관 같은 곳에서 축쇄본을 뒤지는 어려운 과정을 거쳤지만, 요즘에는 인터넷으로 쉽게 볼 수 있다. 재미 삼아 내가 태어난 연월일을 검색했다. 날씨는 구름 다소, 대체로 맑음. 앤서니 퀸과 그레고리 펙 주연의 영화 「나바론」을 개봉했다. 국제표준화기구 ISO에서 여성의 가슴둘레를 측정할 때, 줄자를 젖가슴 돌출 부분과 겨드랑이 아래를 거쳐 견갑골을 지나게 재야 한다는 규정을 밝히기도 했다. 신문 위쪽에는 재미난 해외 토픽도 있었다. 멕시코의 성직자 두 명이 서로 금잔을 훔쳤다며 신부복을 입은 채 권총 결투를 했는데 총 솜씨가 서툴러 털끝 하나 다치지 않았다는 촌극이었다. 덕수궁 미술관에서 피카소 특별전 야간개장을 실시해 최대 인파가 몰렸다는 기사 옆에는 피카소의 여성 편력과 게르니카 이야기가 있었다. 유한양행 '삐콤씨'가 생각보다 오래된 비타민이란 것도 알게 되었다. 당일 하이트 진로의 전신 진로주조의 주가는 3,400원이고 대한항공은 1,790원, LG의 전신 금성사는 1,175원이다. 출산 기념으로 아버지가 주식 좀 사서 물려주셨으면 어땠을까 실없는 생각도 해봤다.

네이버 뉴스 라이브러리에서는 이 모든 내용을 쉽게 검색할 수 있다. 1920년대부터 1999년까지 경향신문, 조선일보, 동아일보, 한겨레, 매일경제 등이 열려 있다. 연월일 검색, 키워드 검색, 스크랩 기능도 있다. 지면을 줌인해서 볼 수도 있고 텍스트로 바꾸어 편하게 가로쓰기로도 볼 수 있다. 손쉽게 출력할 수 있으니 생일을 맞은 가족이나 지인에게 선물과 함께 주어도 좋을 것이다. 2000년 이후에 태어난 분들은 안타깝지만 조금 더 기다려야 한다.

이제 역사는 글뿐 아니라 영상 등 다양한 방식으로 방대하게 기록된다. 인터넷은 블록체인과 WEB3를 필두로 세계의 아카식 레코드Akashic Records가 되어가고 있다. 역사란 해석의 문제로 귀결되지만, 수많은 사료는 후대에 역사를 더욱 정확히 바라볼 수 있는 토대를 만들어줄 것이다. 한 인간의 미시사에서는 더더욱.

뉴스 라이브러리

5

보헤미아의
혼술리안

주전자전
酒傳子傳

　자식이 아버지에 대해 종이 몇 장으로 요약할 수야 없겠지만, 압축하자면 '술'이요 느슨히 말하자면 '풍류'다. 아버지는 그림과 글씨를 좋아하고 악樂을 즐기고 신묘한 모양의 돌을 찾아 계곡을 다니고 오래된 물건에 천착하셨다. 그 중심에 늘 술이 있었다. 풍류는 신라시대의 대학자 최치원의 「난랑비서鸞郞碑序」에 기록되어 있는데 유교·불교·도교의 가르침을 종합하여 백성을 교화하는 것이라고 말하고 있다. 최치원의 풍류가 유불선이 하나된 현묘한 도를 향한다면 아버지의 풍류는 주도酒道를 향했다.

5살 무렵, 맥주 거품을 걷어 마시는 것으로 나는 음주에 입문했다. 술 스승이 부모인 점은 바람직하다. 본격적인 음주 생활을 시작할 무렵에는 여러 가르침을 주셨다. 술 주酒는 삼수변氵에 닭 유酉로 만들어진 바, 닭이 물을 먹듯 그것도 세 번에 나누어 마시라 일렀다. 그러고는 술을 세 번에 나누어 많이 드셨다. 식후 술을 마시면 취기가 오르지 않으니 술자리 끝에 밥을 먹는 요령도 배웠다. 조지훈의 '주도酒道 18단계' 같은 이야기는 근래에도 술안주로 요긴하게 써먹는다.

밖에서 즐기셨으니 응당 안에서도 즐기셨다. 저녁 식탁 앞에서, 어떨 때는 구해온 다기를 완상하며, 어떤 날은 글을 받아와 곁에 두고, 또 어떤 하루는 잘생긴 돌을 눈길로 쓰다듬으며 술을 마셨다. '아취雅趣가 깊은 분이 시대를 잘못 태어났구나' 싶어 안타깝기도 했다. 이것은 종종 벗들에게 내가 듣는 말이기도 하다. 시詩를 받고, 기타로 노래를 지으며, 그림도 서툴게 그리는 데다 술을 사랑하는 성정을 일컫는 것인데, 유전의 가지에서 핀 꽃들은 많이 닮아 있다. 아버지 덕에 좋은 목소리를 얻어 밥벌이하고 있으니 이 또한 늘 감사히 여기는 일이다. 풍류의 전래랄까. 바람 풍風에는 가르침이란 뜻이 있다. 부모는 자식의 세계이며 첫 스승이다. 그런 의미에서 가르침이야말로 풍류의 본령이 아닐까. 기운을 흘려 전하는 것 말이다.

아버지는 종종 옛 동료들과 남산 인근에서 술을 마신다. 남산 방송 시절을 그리워하는 마음일 터다. 그리움은 사람 사이에만 있지 않다. 사람과 공간이 나누는 애틋한 정도 그리움이다. 한 사람이 오랜 시간을 보낸 공간은 그 마음을 진동시킬 것이다. 아주 잊었다고 생각한 묵은 기억들이 고향에만 가면 놀랍게도 떠오르는 것처럼 인간과 공간은 교통한다. 내가 얽힌 마음을 풀러 자주 찾는 곳 중 하나가 남산이다. 이 또한 유전이라 생각한 적이 있다.

인간은 본디 아비와 어미의 기운을 몸에 새겨 태어나는 존재인데, 어찌 몸과 재주만 유전되겠는가. 그리움은 인간의 DNA에 아로새겨지고 또한 대물림될 것이다. 그 마음은 물려준 자의 공간과 진동할 터이니 내가 남산을 좋아하는 것은 오래전부터 예견된 일이었으리라. 아들 선우는 소주잔에 물을 따라 건배하는 걸 좋아한다. 잔을 잡는 손 매무새가 예사롭지 않다. 흐뭇하다. 누대로 풍류가 흘러간다. 그 중심에 술이 있을지어다.

혼술리안 上
– 사실은 진정제

 살면서 꾸준히 한 일이라곤 술 먹는 일밖에 없을지도 모르겠다. 『탈무드』는 술 먹는 인간의 변화 과정을 동물에 비유한다. 처음 마시면 양처럼 온순해지다 더 마시면 사자처럼 사나워지고 조금 더 마시면 원숭이처럼 노래하고 춤추다 결국 더 마시면 돼지처럼 추해진다고 한다.

 술 마신 나와 술 마시지 않은 나, 술은 내가 이렇게 두 종류의 사람이 될 수 있다는 것을 알려줬다. 처음 술을 배웠던 대학교 때는 분위기에 휩쓸려 마시는 술자리가 많았다. 무엇을 마시는지는 크게 중요하지 않았다. 술 자체를 즐기는 일과는 상관이 없었다. 술자리는 취함으로써, 각기 다른 감정의 온도를 비슷하게 맞추고 무리의 공통된 '정서 공간'에 입장하는 일이었다. 술자리의 끝에서는 지금보다 나아진 내가 될 것 같았고 작은 혁명 같은 것도 일으킬 수 있을 듯한 기분이 들었다. 물론 다음 날은 누워서 이불킥을 하며 어제 왜 그랬을까 하는 후회의 부스러기들과 함께 방바닥을 굴렀지만.

대학교 1학년생으로서 술을 마신다는 것은, 자신이 공부에만 몰두해온 답답한 모범생은 아니라는 사실을 보여주기 위한 반발심에 따른 행위였을 것이다. 어쩌면 영화나 드라마를 보며 동경해온 대학 생활의 멋으로 술을 마실 수도 있다. 이유야 어찌 되었든 오랜 시간 술은 자주 내 앞에 있었고 나는 마셨다.

대학 시절 내내 학교 방송국의 동기·선후배들과 가장 많이 술을 즐겼다. 수업도 들어가지 않고 방송국 편집실을 서성이다 비슷한 마음으로 어슬렁거리는 누군가에게 '한잔하러 갈까' 제안을 받는 느낌이 좋았다. 그렇게 만들어진 술자리에 한두 명씩 사람이 늘고, 졸업한 선배가 퇴근 후에 합류해 좋은 술안주가 있는 곳으로 데려가주는 일이 정감 있게 느껴졌다.

술은 느낌의 문화다. 마음의 모양이 다른 사람들끼리 만나 술잔을 부딪칠 때마다 조금씩 마음의 각진 모서리를 깎고 함께 둥글어지는 일, 그러다 다음 날을 맞는 일. 전날의 말과 기억은 대부분 증발하지만 설명할 수 없는 느낌을 남기는 일, 느낌으로 성장하는 일. 대학 생활에 필요한 모든 것을 술자리에서 배웠다고 선언하는 누군가도 있었다. 타자를 나의 일부로 들이는 일로서 술은 매력적인 물질이다. 물론 과도한 호기로 싸움도 종종 불러오지만, 포기할 수 없는 정서를 술은 가져다준다.

2012년 미국 일리노이 주립대학의 제니퍼 와일리 교수는 적당한 술이 창의력 향상에 도움이 된다는 논문을 발표해 화제를 모았다. 작업 기억 용량(정보를 단기 기억하고 능동적으로 이해하고 조작하는 능력의 양)이 줄어들고 나머지 부분에 다른 생각들이 개입되어 오히려 창의성을 발휘할 수 있는 환경이 만들어진다고 한다. 단기 집중력이 사라지는 대신 통찰하는 능력이 조금 더 는다. 혈중 알코올농도 0.07퍼센트에서 창의력이 최고에 이르는데 이 수치를 바탕으로 만든 술도 있다. 덴마크의 한 광고회사는 맥주회사와 협업해 인디언 페일 에일IPA: Indian Pale Ale 맥주 '프로블럼 솔버Problem Solver'를 출시한다. 맥주치고는 도수가 높은 7.1도다. 병의 표면에는 몸무게와 성별에 따라 창의력이 가장 잘 발휘되는 맥주의 양이 적혀 있다.

창의력을 높여주며 평면적인 인간의 삶을 입체적으로(과음하면 땅이 올라오고 실제로 입체적이다) 만들어주는 술은 종속 영양從屬營養으로 살아가는 균류인 효모가 당분을 먹고 싸는 배설물이다. 과실주를 담을 때 설탕을 넣는 이유다. 인간이 효모의 똥을 먹는 것이라 생각하면 잠시 술맛이 떨어질까.

마음의 모양이 다른 사람끼리 만나
술잔을 부딪칠 때마다
조금씩 마음의 각진 모서리를 깎고
함께 둥글어지는 일.

우리는 일반적으로 술을 흥분제 역할을 하는 음료로 이해하지만 사실은 진정제다. 술을 마신다. 식도를 타고 위胃로 간다. 위에서 소장으로 간 에탄올은 대량으로 흡수되어 한 시간 내로 취기가 오른다. 체내에 흡수된 술은 중추신경에 영향을 미치고 신경계의 단위인 뉴런 사이에서 '가바GABA'라는 억제성 신경전달물질을 만든다. 가바는 흥분을 주관하는 세로토닌과 도파민 같은 물질과 반대 역할을 하는 것이다.

그렇다면 무엇이 문제인가. 심지어 깊은 잠을 유도하는 부위가 활성화하는데 거듭 무엇이 문제인가. 가바가 가장 먼저 억제하는 것은 평소 억제하려고 노력하고 무의식적으로 참고 있는 부분이라고 한다. 욕을 하지 않으려던 사람이 욕을 시작한다. 노래를 참던 사람이 크게 노래를 부른다. 헤어진 애인에게 전화한다. "자니…? 그때… 기억나니?" 욕망을 억제하는 게 아니라 평소 욕망을 참는 것을 억제한다는 얘기다. 부정의 부정이 강한 긍정이 되는 효과랄까. 효모의 똥을 먹으면 인간은 과한 욕망을 부린다. 적당히 마셔야 한다. 가바 수용체는 과음하지 말아야 한다는 마음을 억제한다. 술이 우리를 마신다.

혼술리안 中
― 걸음은 라이온스 덴으로

 우리나라는 프랑스나 일본과 달리 음식에 술을 골라 궁합을 맞추는 '마리아주酒' 문화가 희박하다. 주조 금지령 등을 이유로 다양했던 전통주의 맥이 끊긴 이유도 있을 것이다. 결국 대부분의 술자리는 소주나 맥주로 취기를 올리는 데만 급급하다. 파도를 타고 안 마시면 타박한다. 이런 술자리 문화에 불편을 느끼던 몇 년 사이, 내가 즐기고 있는 술은 싱글몰트 위스키다. 독주라는 편견을 버린다면 혼자 마시기에 적당한 술이다. 면세점에 싱글몰트 코너가 생길 정도로 한때 인기를 끌었고 근래에는 MZ세대에게 다시 관심을 받고 있다. 비행기 탈 일이 생기면 어김없이 할인 위스키를 한 병씩 잊지 않고 산다.

싱글몰트 위스키 하면 먼저 생각나는 브랜드 중 하나는 '글렌피딕Glenfiddich'이다. 1887년에 설립된 글렌피딕 증류소에서 1963년 최초로 싱글몰트 위스키를 생산했다. 위스키는 크게 '블렌디드 위스키', '그레인 위스키', '싱글몰트 위스키'로 나뉜다. 싱글몰트 위스키는 간단히 말해 맥주를 끓여 증류한 술이다. 반면 그레인 위스키는 보리 외에 옥수수나 밀 같은 곡류를 맥아로 당화시킨 후 술을 만들고 이것을 끓여 증류한다. 그리고 블렌디드 위스키는 이 두 가지 이상의 술을 섞어 만든다. 유명한 발렌타인 30년과 조니워커 블루가 블렌디드 위스키에 속한다. 참나무통에서 보통 3년 이상 숙성시키면 고유의 맛을 지니게 된다.

싱글몰트 위스키를 좋아하게 된 것은 단골 술집 때문이다. 「레몬 하트Lemon Heart」라는 술 만화에 빠져 있을 때다. 바Bar 레몬 하트는 도심의 호젓한 곳에 있다. 손님이 붐비지 않는 비밀스러운 공간이다. 무엇보다 만화에 등장하는 매우 긴 바가 마음에 들었다. 이 끝에 있는 손님이 저 끝에 있는 손님에게 말을 걸면 잘 안 들릴 것 같았다. 이런 곳이 실제로 있다면 얼마나 좋을까 하는 생각을 하던 중 우연히 들르게 된 곳이 '라이온스 덴Lions Den'이었다. 사계절 크리스마스 리스로 장식된 문을 열고 들어가면 바텐더가 정중하게 손님을 맞는다. 내부는 정통 위스키 바의 위엄과 친근함이 공존한다. 앞에 펼쳐진 아주 긴 바를 처음 보고 만화 레몬 하트의 공간을 재현한 게 아닌가 하는 착각까지 들었다. 이곳에서 혼술의 즐거움을 알아가기 시작했다.

뜻이 통하는 사람들과 함께 마시는 술도 좋아하지만 혼자 마시는 술도 즐기게 되었다. 알코올 중독의 시작이라고 이야기하는 사람도 있지만, 속도와 양을 잘 조절하면 이보다 더 편할 수는 없다. 남의 술잔을 신경 쓰지 않아도 되고 자신의 속도에 맞춰 즐길 수 있다. 온종일 곤두선 무수한 신경망의 촉수를 잠시 끊고 싶을 때가 있다. 초연결 시대라는 말이 나는 무섭다. 고립이 불가능한 세계, 불가해한 네트워크 안에서 언제든 부르거나 불릴 수 있는 이 세계는 보이지 않게 연결되어 있다는 점에서 끔찍하다. 산에 들어가 '나는 자연인이다'를 외칠 수 없다면 한잔 술로 잠시 삶의 네트워크를 차단해야 한다. 비행기를 타지 않고도 스마트폰의 에어플레인 모드를 종종 켜두는 사람처럼 말이다. 혼자 마시는 술자리에서는 외부 세계가 적당히 닫히는 동시에 나에 대한 의식은 확장된다.

바의 의자에 몸을 기대고 두리번거리며 위스키를 마신다. 실내에는 적당한 볼륨의 재즈가 흐르고 대화를 나누는 손님들의 말소리와 섞여 혼자서도 외롭지 않은 느낌을 만들어준다. 간혹 말을 걸어주는 바텐더들도 외로움을 덜어준다. 말하는 직업인으로서 관찰해본바, 그들은 소통 전문가다. 내가 말하고 싶을 때와 말하고 싶지 않을 때를 정확히 안다. 처음 보는 손님에게 말을 거는 방식도 스피치 커뮤니케이션에서 가르칠 수 없는 현장의 날것이다.

혼자 있는 손님에게 말을 거는 방식은 이렇다. 먼저 충분한 관찰을 통해 어떤 기분 상태인지, 어떤 사람일지 대체로 프로파일링profiling한다. 고르는 술의 종류로 힌트를 얻거나 복장과 액세서리 등을 화제 삼아 말을 건네기도 한다. 그 사람의 취향이 드러나는 부분이기 때문에 쉽게 대화를 이어갈 수 있다. 일류 바텐더들의 스피치를 관찰하고 스킬을 분석해본다면 고도의 '야생 화술'을 이해할 수 있을 것이다.

시사 프로그램 「추적 60분」을 진행하는 동안 우울한 내용 때문에 스트레스를 많이 받았다. 금요일 녹화를 마치면 화장을 지우자마자 라이온스 덴으로 가서 혼자만의 조용한 시간에 빠졌다. 바의 기둥 옆은 단골 자리였다. 때로 살짝 기둥에 몸을 기대고 나에게 몰입했다. 현재의 나에게 오롯이 집중할 때 미래의 일인 근심과 걱정은 자연스레 분리되었다. 나의 감정 대부분이 나의 외부에서 일어나는 사건의 모음이고 이것을 내 의지로 바꿀 수 없다는 사실을 자각하게 된다. 잡생각들이 멀어지면 현재의 시간만 바라볼 수 있다.

싱글몰트 위스키를 마시는 즐거움 중 하나는 얼음 잔이다. 네모난 얼음을 작은 정으로 쪼고 칼로 둥글게 깎는다. 손님이

오기 전 미리 얼음을 준비하는 바텐더의 모습을 자주 보았다. 언 손의 통증을 참아가며 얼음을 깎는 모습이 종종 숭고하게 느껴졌다. 일반적으로 마시는 니트 위스키 잔은 주둥이가 좁다. 글렌캐런Glencairn 사의 잔을 주로 사용하는데, 도수 높은 위스키가 쉽게 휘발하는 것을 막고 고유의 향을 모아준다. 체이서chaser, 약한 술 뒤에 마시는 독한 술 또는 그 반대로 미온의 물을 곁들여 마시는 것이 통상 위스키를 즐기는 방법인데, 나는 둥근 얼음에 위스키를 부어 마시는 방식에 반했다.

둥근 얼음에 위스키를 부으면 '딱' 하고 얼음에 균열이 가는 소리가 난다. 하얗게 성에가 앉은 얼음이 일순 유리처럼 맑아진다. 차가워진 위스키를 음미하면서 손가락으로 둥근 얼음을 천천히 돌린다. 얼음에 시선을 고정하고 갈색 위스키가 얼음물과 천천히 섞이는 모습을 바라본다. 몸에 술이 퍼지는 모습도 이와 같을까? 얼음을 돌리면 밀교의 의식 같은 은밀한 고양감이 느껴지기도 하며, 최면 효과를 얻을 때도 있으니 '물멍' '불멍'처럼 '술멍'이라고 명명해도 좋겠다.

술잔 안에 어리는 빛을 바라보면 마치 나의 마음속 깊은 곳을 들여다보는 듯한 착각에 빠진다. 취한 것이다. 물론 술의 화학 작용과 확장된 의식으로 인한 착란이겠지만 스스로를 바라보는 한 방식이다. 술잔과 얼음에 알레고리를 부여해 나를 투영하고 바라보게 되니 말이다. 자주 마시다 보면 일종의 명상

술잔의 심연을 바라보며
괴물이 되지 않게 노력하는 것, 그것이 홀로 한 잔의
술을 마시는 거창한 이유다.

효과도 경험할 수 있다. 초급의 명상은 하나의 점을 응시하는 데서 시작하기도 하니까. 혼술은 명상의 방식과 닮아 있다.

'심연Abgrund'이 등장하는 니체의 가장 유명한 문장을 기억할 것이다. 드라마나 영화의 한 장면에서 자주 언급되었다.

> 괴물과 싸우는 사람은 스스로
> 괴물이 되지 않도록 조심해야 한다.
> 당신이 심연을 오랫동안 바라보면,
> 심연 또한 당신을 바라본다.
>
> Wer mit Ungeheuern kämpft, mag zusehn,
> daß er nicht dabei zum Ungeheuer wird.
> Und wenn du lange in einen Abgrund blickst,
> blickt der Abgrund auch in dich hinein.
> _____ 니체, 『선악을 넘어서』 중에서

한때 니체가 머물던 알프스 마을 실스마리아에는 니체하우스와 유서 깊은 호텔 발트하우스가 있다. 헤르만 헤세를 비롯해 테오도르 아도르노, 토마스 만 같은 이들이 니체의 자취를 따라 그 호텔에 묵었다고 한다. 니체는 '인간은 심연 위에 놓인 밧줄'이라는 화두로 10여 년을 알프스 일대를 떠돌았는데, 그곳은 지구상에서 심연의 은유를 실감할 수 있는 최적의 장소가 아니었을까. 높은 알프스에서 내려다보는 풍경은 심연 같았을 것이고, 산촌이라 등산객을 위한 밧줄도 많았을 것이다. 심연은 바닥이 없는 곳이다. 나의 무의식은 무질서한 의식의 심연을 바라보며 조합해볼 수 있다.

인간에게는 응축의 시간이 필요하다. 웅크리는 시간 말이다. 우리는 너무나 많은 정보에 노출되어 있고, 다양한 정보를 접하는 뇌는 사고의 국면 전환을 위해 매번 불필요한 에너지를 소모한다. 무의미하게 부려놓는 너무나 많은 말 또한 우리를 지치게 한다. 하는 사람 듣는 사람 모두에게 그렇다. 우리에게는 시간이 필요하다. 하루의 정보들이 잠을 통해 제자리를 찾고 수납될 시간이 필요하듯 생활 전반에서 일어나는 생각과, 생각에서 일어난 감정이 자정될 시간이 필요하다. 미운 사람을 미워하며 그를 닮아가는 사람을 많이 보았다. 술잔의 심연을 바라보며 괴물이 되지 않게 노력하는 것, 그것이 홀로 한 잔의 술을 마시는 거창한 이유다.

이런 귀한 시간을 방해하는 사람이 있다. 라이온스 덴의 대표 이상훈이다. 자기 업장의 분위기에 반해서 온 손님을 끌고 나가 자꾸 다른 데서 술을 먹자고 한다. 난감하다. 물론 자신의 업장에서 술을 마시는 건 일처럼 느껴질 테니 일부 이해한다. 상훈은 냉철한 듯 정이 있고 허세 없이 심플한 성격의 소유자다. 키도 많이 크다. 그와 친해진 덕분에 일주일에 두세 번 들르는 단골이 되기에 이르렀다. 일반적으로 위스키 바는 비싸다고 생각하지만 천천히 음미하면서 마시면 가격 부담은 크지 않다. 공짜 술도 많이 주는 데다, 한두 잔 마시고 있으면 상훈이 밖으로 끌고 나가 술을 사주기 때문이다.

어느 날 가게 안에 프라이빗 룸을 만들었다고 했다. 70인치의 TV에 컴퓨터를 연결해 작은 바에서 뮤직비디오나 영화를 보며 술을 마실 수 있는 공간이다. 다락방처럼 아늑하기를 바라는 마음을 담아 로프트Loft라는 이름을 붙였다고 했다. 나를 위해 만든 공간이라는 착각이 들 정도로 마음에 쏙 들었다. 종종 지인들을 불러 놓았다. 술을 잘 사주는 지인들로 엄선해서. 이 세계에 혼자 술을 마실 단골 술집이 있다는 건 행운이다.

6년 여를 집처럼 다니던 위안의 장소는 이제 사라졌다. 좋은 직장까지 그만두고 정성 들여 꿈의 공간으로 만들었던 상훈이 제일 서운하겠지만, 나도 그 못지않다. 영업 마지막 날 가게를 빠져나오면서도 믿어지지 않았다. 요즘도 상수동 근처를 산책하면 걸음은 자연스레 라이온스 덴 쪽으로 흘러간다. 상훈은 제주로 갔고, 단골 술집이던 공간은 이 세계에서 사라졌다. 낮은 조도 아래에서 따뜻하게 위로받던 그리운 감각만 남아 있다.

혼술리안 下
― 돌아온 압생트

스토리텔링이 어울리는 술자리라면 '압생트Absinthe' 이야기를 꺼낸다. 잘난 체하기에 그만이다. 예전에는 이 술을 아는 이들이 거의 없었으니 나의 술 이야기에 귀 기울이는 사람이 많았다. 압생트라는 이름을 처음 들은 것은 대학교의 미술사 수업 시간이었다. 유럽의 예술가들이 영감을 받고 즐긴 술이라는 짧은 말이었는데 학생수첩에 얼른 메모해두었다. 철자를 몰라 '압상트', '앱상트', '압생트' 여러 가지 표기로 적어두었다. 나는 그렇게 알게 된 술 압생트가 품은 많은 이야기를 좋아한다.

예술인들을 매혹한 압생트는 매력적이다. 이름은 향쑥의 라틴어 압신티움absinthium에서 유래한다. 아니스(이집트의 미라를 만들 때 보존재로 사용하던 향신료), 회향(산미나리의 일종으로 냄새 제거에 특효다), 향쑥(쓴쑥) 세 가지의 허브를 증류한 것인데 18세기 중반 스위스의 작은 산악마을인 발 드 트라베르Val de Travers에서 탄생했다고 전해진다. 이곳에서 많이 나는 쓴쑥을 주재료로 담근 옅은 초록색의 술이 바로 압생트다.

처음에는 마을 사람들만 즐겨 마시던 술이었는데 1797년 앙리 루이 페르노라는 사람이 스위스의 쿠베Couvet에서 본격적으로 양산했다. 압생트는 독주다. 40도부터 80도에 가까운 도수까지 다양하다. 초록빛 마주魔酒, 녹색 요정이라는 별명으로 불리던 이 술은 어니스트 헤밍웨이, 오스카 와일드, 아르투르 랭보, 샤를 보들레르, 폴 고갱, 오귀스트 르누아르(숨차니까 한 번 쉬고), 앙리 마티스, 에드거 앨런 포, 기 드 모파상, 에밀 졸라, 파블로 피카소 등 많은 예술가를 매료시켰다.

마네는 「압생트 마시는 남자」, 드가는 「압생트」 같은 그림을 그렸다. 빈센트 반 고흐도 「압생트와 카페 테이블」이라는 작품을 남겼다. 그가 이 술 때문에 황색증을 앓았다는 것은 과장된 이야기 같지만, 귀를 자르기 전 압생트를 마셨다는 사실은 기록에 남아 있다. 여담이지만 BTS의 「피 땀 눈물」 뮤직비디오에서 RM이 마시는 음료를 압생트로 보는 견해도 있다. 압생트는 19세기 말과 20세기 초에 걸쳐 대단한 인기를 끌었다. 파리를 비롯한 유럽의 몇몇 카바레와 카페에서 오후 5시가 되면 '그린 아우어green hour'라고 하며 너도나도 다투어 압생트를 마셨다고 한다.

이렇게 유럽 일대에서 유행하던 압생트는 독성 논란에 휩싸인다. 압생트의 세 가지 주재료 중 향쑥에 투존Thujone이라는 환각 성분이 있는데, 과도하게 섭취하면 시신경에까지 문제를 일으킬 수 있다는 것이었다. 이런 주장에 힘입어 1915년에 압생트는 판매가 금지된다. 그런데 최근 압생트가 치명적인 중독 증세를 일으킨다고 보기 어렵다는 연구 결과가 나왔다. 영국·미국·독일의 공동연구진은 투존이 심각한 중독과 환각 증세의 원인이 아니라고 보고했다(참고로 투존은 일반 쑥에도, 칵테일 마티니에 넣는 베르무트에도 들어 있다). 연구진은 압생트를 금지했던 20세기 초, 투존의 함유량이 잘못 계산되었다고 했다. 당시 화학자들은 350mg/L라 추정했지만 실제 함유량은 5mg/L 정도이고, 이는 환각과 중독을 일으키기에 극히 미미한 양이라고 밝혔다. 조미료가 인체에 거의 무해하며 탄 것을 먹으면 암에 걸린다는 이야기가 낭설인 것에 비견되는 반전이다.

압생트를 둘러싼 음모론(?)의 내막은 이렇다. 1860년대, '필록세라Phylloxera'라는 해충이 북미에서 유럽으로 건너와 20~30년 동안 포도밭을 황폐화시킨다. 포도주를 증류해 만드는 와인, 브랜디, 코냑 같은 술의 제조량은 당연히 줄어들었다. 이런 상황이니 값싸고 도수도 높아 빨리 취하는 압생트는 서

약간의 취기를 빌려 입체적으로 책을 읽는
여유로운 날이 찾아오면 좋겠다.
그날이 오면 고독하고
독한 초록빛 마주魔酒 압생트 한잔해야겠다.

민들과 주머니 가벼운 예술가들에게 각광 받을 수밖에 없었다. 이로 인해 해충 문제를 해결한 뒤에도 와인 판매량이 줄어들자 업자들은 투존의 유해성 논란을 일으켰고, 결국 판매금지 조치까지 이르게 된 것이다. 그래서 압생트 제조사인 페르노Pernod는 고육지책으로 투존이 든 쑥 성분을 뺀 술을 내놓는데 바로 '페르노'다. 압생트와 병 디자인이 거의 비슷하지만 이름이 다르다. 1915년에 유럽의 여러 국가에서 판매 금지되었던 압생트는 2007년에 겨우 판매가 재개된다. 100년 가까이 지나서야 억울한 누명을 벗은 셈이다.

 스위스 여행에서 어렵게 구해온 압생트를 친구들과 나누어 마신 적이 있다. 스위스 취리히에 있는 복합문화공간으로 다다이즘이 태동한 카바레 볼테르Cabaret Voltaire 근처 주류 판매상에서 발견했는데, 글로 배운 압생트를 눈으로 마주했을 때의 신비한 기분을 잊을 수가 없다. 금기의 역사가 묘한 쾌감을 불러와 술맛을 돋우었으나 결국 치약을 푼 감기약 맛이었다. 압생트는 이야기로 마시는 술이었다. 술김에 우리는 홍대 앞에 압생트 바를 내보자고 의기투합했는데, 수입 금지 품목이라는 사실에 좌절하고 술만 더 마시다가 헤어졌다. 지금은 규제가 풀렸지만 한때 국내 수입 금지 주류 1호는 바로 압생트였다. 10년도 더 된 일이다.

 압생트를 마시는 일반적인 방식은 '프렌치 메소드French

Method'다. 얼음을 갈아 물에 넣고 1온스 정도의 압생트 샷을 떨어뜨려 먹는 것이다. 터키 술 라키Raki나 그리스 전통주 우조Ouzo처럼 압생트는 물을 부으면 맑은 초록빛 액체가 하얗게 변한다. '압생티아나Absinthiana'라는 음용법도 있다. 영화「토탈 이클립스Total Eclipse」에서 랭보 역할을 맡은 레오나르도 디카프리오가 이 방법으로 압생트를 마신다. 구멍이 뚫린 압생트 전용 숟가락 위에 설탕을 놓고 술을 부어 물과 섞어 마시는 것인데, 이때 술은 마법처럼 초록빛에서 흰색으로 바뀐다.

압생트로 만든 칵테일 중에서는 '오후의 죽음Death in the Afternoon'이 유명하다. 샴페인 잔에 압생트 1온스를 넣고 우윳빛이 날 때까지 샴페인을 부으면 끝이다. 제조법을 만든 이는 헤밍웨이고, 그는 이 칵테일에 자신의 동명소설 이름을 붙였다. 헤밍웨이는 모히토 광팬인 줄로만 알았는데 술이면 다 좋아했나 보다.

압생트의 주재료인 아니스를 넣지 않은 체코 스타일의 칵테일도 있다. 그 이름도 자유로워 보이는 보헤미안 압생트Bohemian Absinthe다. 먼저 압생트를 따르고 구멍이 난 숟가락을 걸쳐놓는다. 그 위에 각설탕을 올리고 불을 댕긴 후, 잔에 넓게 붙은 불이 꺼질 때까지 물을 타는 것이다. 하지만 이 보헤미안 스타일의 칵테일은 기본 재료를 무시한 것이라 가짜 압생트라는 빈축을 사기도 한다.

이야기를 품은 술은 새로운 이야기를 만든다. 문학 작품에 등장하는 술을 마시며 책을 읽을 수 있는 술집이 있다는 이야기를 들었다. 아마 압생트뿐 아니라 헤밍웨이와 이병헌이 사랑하는 모히토와 『개선문』에서 라비크가 즐겨 마시던 칼바도스 Calvados 같은 술도 팔지 않을까. 약간의 취기 속에서 입체적으로 책을 읽는 여유로운 날이 찾아오면 좋겠다. 그날이 오면 고독하고 독한 초록빛 마주 압생트를 한잔 해야겠다.

시간의
칸막이

 약속 장소에 30분쯤 일찍 도착해 동네를 산책하거나 시집 읽는 것을 좋아한다. 원래는 미리 하는 일을 좋아하지 않는다. 오늘 할 일을 내일로 미루는 것에 쾌감을 느낀다. 인사치레로 약속 잡자는 사람에게 다음 달이 좋겠다고 말한다. 시간을 지킬 일과 시간을 늘려 쓸 일은 구분한다. 대부분 미루지만 만든 약속에는 일찍 나가는 걸 좋아한다. 먼저 도착한 곳에는 늦지 않았다는 안도감과 더불어 느슨한 시간이 흐른다.

 처음 가는 동네에서 약속 잡는 것을 좋아한다. 갑작스레 혼자 출장을 떠날 때 찾아오는 해방감 같은 것이 일렁인다. 한쪽 귀에 이어폰을 끼우고 한쪽 귀로는 처음 가는 곳의 소리를 듣는다. 걷는다. 누구도 나를 모르는 동네의 길을 걸으며 새로운 것을 눈에 담는다.

새로운 것은 무엇이든 좋다. 마음이 살아난다. 부푼다. 갓 구워낸 식빵처럼 늘 감각을 촉촉하고 신선하게 만들며 살고 싶다. 늘 보던 것에 익숙한 시선을 던지는 일은 지겹다. 지겨움은 딱딱하다. 모나고 뾰족하다. 나는 자꾸 그런 것에 부딪히고 찔리니 아프다. 아픈 것은 지겹다. 지겨움은 딱딱하다. 내가 원하는 것은 느긋하고 부드러운 시간이다.

약속 시간은 무작정 흐르는 시간의 칸막이가 되어준다. 막연히 하는 일과 한정된 시간을 정해 두고 하는 일은 다르다. 약속 장소에 한 시간쯤 일찍 왔고 마감할 원고가 있다면 행운이다. 많은 문인이 원고 마감일이라는 시간의 칸막이를 두고 글을 쓴다. 나는 그 시간을 달게 즐긴다. 거리에서 우연히 주운 만 원처럼 달콤하게 시간을 쓴다. 기다리며 쓰는 시간은 공짜로 얻은 시간 같다. 시간을 낭비하고 산다는 오래된 죄책감이 줄어든다. 시간 앞에서 반성하지 않는 시간이 좋다.

한 시간을 일찍 나와, 한 시간을 산책했다면 하루는 25시간이 된다. 그리 믿는다. 약속 시간보다 미리 나와서 만들어진 시간이다. 시간은 시간을 만들어내기도, 무정하게 잘라버리기도 한다. 시간의 물리량은 우리 모두에게 동일하지만 약속을 기다리는 어떤 날 나는 25시간을 산다. 덤의 시간을 사랑한다.

약속은 무엇일까. 맺을 약約 묶을 속束, 사람과 사람이 각자의 시간 일부를 떼어내 맺고 묶는 일이다. 약속을 싫어하고 '번개'를 좋아한다. 느슨한 약속을 사랑한다. 정확한 약속으로 만나는 사람과의 서름서름한 시간을 저어한다.

때로는 당신이 오지 않았으면 한다. 온다 간다는 말도 연락도 없이 오지 않았으면 한다. 때로는 무수한 불가능의 시간 앞으로 당신이 나를 찾아왔으면 한다. 자전거를 타고 도착하는 한강 건너의 당신 혹은 나라 밖의 당신이거나 무덤 속의 당신들. 가장 기다리되 아주 오지 않았으면 하는 약속도 있다.

> 오지 않는 너를 기다리다가
> 나는 알게 되었지
> 이미 네가
> 투명 인간이 되어
> 곁에 서 있다는 것을
> 그래서 더불어 기다리기로 한다
> ____ 강윤후, 「성북역」 중에서

시장에
가면

　건전가요를 아시는가? 박정희·전두환의 4·5공화국 군부독재 시절에 정권을 찬양하거나 대한민국을 예찬한 노래다. 70, 80년대에는 가요 음반의 맨 마지막 트랙에 건전가요를 의무적으로 수록했다. 민중가요의 대명사 김민기의 「아침이슬」은 73년에 정부가 선정한 건전가요였다가 이듬해 금지곡이 되는 촌극을 겪기도 했다. 인기 건전가요 「어허야 둥기둥기」는 이문세 4집에서 그의 아버지가 가장 좋아하는 노래였고 타이틀곡으로 권유받았다고도 한다. 그의 첫 번째 앨범에 수록된 「시장에 가면」도 건전가요 중 손에 꼽히는 인기곡이다. 시장 이야기를 하기 위해 여기까지 돌아왔다.

아아 믿음 속 상거래로 만들자 밝고 따뜻한 사회
_____「시장에 가면」중에서

  그날도 늦었다. 충무로역에서 승현이를 만나기로 했는데 한 정거장 전에 잘못 내렸다. 약속 장소에 일찍 나가는 걸 즐기지만 이 친구를 만날 때는 꼭 늦는다. 나를 기다리던 승현이는 덤덤했다. 늘 있는 일이기 때문이다. 토요일의 서울 중심가는 한적했다. 승현이는 회가 싼 곳이 있다고 안내했다. 인현시장이었다. 좁은 골목에는 건어물 가게와 한상에 5,000원인 백반집, 전煎집 그리고 횟집 몇 곳이 늘어서 있었다. 옆 골목의 인쇄소 사람들이 들르는, 아는 사람만 찾는 작은 시장이었다. 승현이는 기특하게도 싸고 정겨운 곳을 잘 안다. 함께 하던 주식투자 실패 후 우리는 싼 곳을 찾아다닌다. 승현이와 나는 광어회를 푸짐하게 먹고 2차로 근처 OB호프에서 노가리와 맥주를 먹은 뒤 헤어졌다.

  골목만 보면 몸이 먼저 반응한다. 골목 있는 집에서 오래 살았기 때문일 것이다. 골목에서는 숨을 깊이 들이마시게 된다. 동네는 골목으로 숨을 쉰다. 골목은 옛날을 품고 있고, 옛날로 슬며시 숨어드는 것을 나는 좋아한다. 옛 공간이 붙들어 느리게 흐르는 시간 속에 있으면 굳은 마음이 풀린다. 옛 건물들 사이로 흐르는 시간은 마찰계수가 낮다. 지금은 재개발로 몸살을 앓고 있는, 주문만 하면 탱크도 만든다는 청계-을지로 골목도 자주 산책하는 곳이다. 시장은 숨기 좋고 한눈팔기도 좋다. 한눈팔다 정신을 차려보면 마음이 재부팅되기도 한다. 낯익은 사물들이 낯설게 배열되어 늘어선 공간이 시장이며, 숨어들고 싶은 날 가장 어울리는 곳이 시장이다. 술 한잔 걸치고 평소와 다른 그루브 가득한 스텝으로 시장을 빠져나오면 잠시라도 숨을 쉴 만하다.

첫 직장 E채널 선배 영훈 형은 사람들을 이끌고 자신만의 코스를 만들어 술 마시기를 좋아한다. 동물 이름을 가진 술집들을 모아 '동물원 코스'라고 부르며 함께 동물처럼 술을 마셨다. 덕분에 운치 있게 놀았고 좋은 곳도 많이 알게 되었다. 그중 인상적인 곳은 광장시장이었다. 예전에는 외국인도 별로 없었고 그야말로 100년 넘은 큰 시장일 뿐이었다. 기름 냄새를 맡으며 늘어선 전 가게 골목을 지나면 회를 파는 포장마차가 나왔다. 숙성회라고 쓰고 묵은 회라 읽는 그것은 매우 저렴했다. 호수로 이름 붙여진 포장마차 중 1호 집이 단골이었다. 아주머니는 새조개를 듬뿍 얹어주었다. 대짜 회 한 접시면 세 명이 충분히 먹었고 만 원 추가 찬스도 있으니 일인당 만 원에 회를 배불리 먹을 수 있는 드문 곳이었다. 가격은 여전히 저렴하지만 사람들은 좀 많아졌다.

그날도 늦었다. 공덕역 5번 출구 앞에서 만나기로 했는데, 그냥 늦게 나선 바람에 늦은 것이다. 승현이는 언제나 덤덤했다.

공동 화장실이 있는 주차장을 지나 골목 안의 골목으로 접어드니 신세계였다. 교통의 요지라 아파트 값 비싸기로 유명한 공덕동에 이런 오래된 시장이 있다니 놀라웠다. 옆 골목에는 족발과 전을 파는 가게가 있었다. 어릴 적 콩나물 심부름 다니던 응암시장의 그 오래된 시간이 이곳으로 옮겨온 것 같았다. 시간의 더께가 앉은 공간은 언제나 반갑고 울컥한다.

모퉁이에는 자주 가는 올갱이해장국 집이 있다. 문밖의 큰 대야에는 싱싱한 다슬기들이 살고 있다. 충북 옥천에서 공수해 온다고 했다. 비장의 무기처럼 좋아하는 사람들을 가려 데려가는 곳이며, 미술가味酒家 병미 형도 좋아해준 곳이다. 멸치 우린 육수에 심심한 된장 국물 베이스, 인생 최고의 다슬기해장국이 여기에 있다. 해장국을 먹으며 술을 마시니 술이 잘 들어간다. 국물이 줄면 다슬기를 추가하고 다슬기가 떨어지면 국물을 추가한다. 마찬가지로 술이 떨어지면 술을 추가하고 술이 모자라면 술을 시킨다. 취한다.

가끔 타임머신을 돌려 과거 어딘가로 숨어들어 아무도 모르는 곳에서 술 마시는 상상을 한다. 시장에서 그런 기분을 조금이나마 느낀다.

여행을 가도 빼먹지 않고 가는 곳이 시장이다. 시장에 가면 상인들의 모습에서 활기를 느끼고 살아야겠다 마음먹게 된다는 그런 이유 말고, 나는 숨으러 간다. 나는 가끔 숨어야 숨 쉴 수 있는 사람이다.

길티 플레저

스트레스로 인한 중압감 때문에 사회적으로 지위 높은 사람이 편의점 같은 곳에서 물건을 훔쳤다는 뉴스를 종종 접하게 된다. 아무도 모르게 일탈 행위를 한다는 쾌감과 왜곡된 성취감이 도파민과 아드레날린을 분비할 것이고, 낮아진 자존감은 잠시 고양되겠지만 범죄다. 감옥 간다. 그래서 우리는 남에게 피해가 가지 않는 선에서 자신에게도 거의 피해가 되지 않는 유사 행위를 하곤 하는데, 그것이 이른바 '길티 플레저guilty pleasure'다. 법적으로 죄가 되지는 않지만 어떤 일에 대해 죄책감을 느끼면서도 그것을 좋아하고 즐기는 심리나 행위를 뜻한다.

일주일에 하루는 폭음 또는 폭식을 하거나, 스마트폰 케이스

만큼은 명품을 쓰는 작은 사치를 부리거나, 연필 같은 문구류는 가장 비싼 것만을 사용하거나, 전자담배로 바꾼 흡연자가 가끔 연초를 피우거나 하는 일도 다 길티 플레저일 것이다. 그리고 타인을 상대로 하는 '소심한 복수' 같은 것도 마찬가지다. 이를테면 미운 상사에게 온 택배를 다른 택배 뒤에 살짝 감춰두어 찾는 시간을 지연시키게 만드는 것, 연말에 싫어하는 사람의 전화번호를 지우거나 이상한 별명을 붙여 저장하는 것도 길티 플레저다.

나도 자주 하는 길티 플레저가 하나 있다. 지인들이 옆에 있다면 입을 모아 "술이지? 혼술?"이라고 말하겠지만 그건 그냥 플레저다. 스트레스가 극심한 날 밤, 중국 쇼핑몰 알리익스프레스 앱을 열고 천 원에서 만 원 사이의 쓸모없는 물건, 소위 '예쁜 쓰레기'를 공들여 고르고 구매하는 것이 나의 길티 플레저다. 술 취한 상태일 경우가 많다. '신발 비용'이라는 용어가 있었다. 원래는 다른 표기지만 국어학계에 보고되지 않은 '부끄러움 ㄴ 첨가' 현상이 적용된 단어다. '신발 비용'은 신발이 발을 보호하듯 스트레스로부터 나를 보호하기 위해 충동구매를 하거나 돈을 쓰는 '금융치료'의 일환이다. 아주 작은 규모의 돈을 호기롭게 쓰는 것이 나의 길티 플레저인 셈이다.

뭐라도 좋다. 스트레스의 역치가 낮아진 이 사회에서 뭐라도 좀 마음대로 해야 좀 살 만하지 않을까. 건국대 정신건강의

학과 하지현 교수가 『대한민국 마음보고서』에 쓴 것처럼, 스트레스를 받고 집에 간 날에는 냉장고에서 고기나 스팸을 꺼내어 굽고 소주와 맥주를 섞은 폭탄주를 천천히 마시며 예능이나 야구 하이라이트를 봐야 우리는 숨통이 트이는 것이다.

소심한
복수는 나의 것

12월 31일이 되면 느긋하게 혼자 술을 마시며 스마트폰에 저장된 연락처를 정리한다. 일 년이면 스마트폰에는 많은 이름이 쌓이기 마련이고, 이름을 지우며 일 년 동안의 나를 돌아본다. 소심한 복수에 약간의 길티 플래저가 더해진 한 해의 마무리 의식이다. 컴퓨터의 윈도우 조각모음처럼 눈에 띄는 효과는 없지만 심리적 개운함을 준다. 시작은 10년 전부터다. 천 명이 넘는 연락처 명부를 보면서 이유 모를 감정의 동요가 일었다. 중요한 사람들에게만 에너지를 쏟아도 짧은 인생이라는 작은 깨우침이 있었고 디지털 인맥에 대한 염증도 한몫했다.

국민 채팅 앱 '카카오톡' 이야기를 먼저 꺼내야겠다. 카카오톡 안에는 다양한 이유로 만들어진 무수한 방이 있다. 가상공간이지만 감옥처럼 느껴지기도 한다. 편의를 위해 만든 채팅방이라지만 일부 위계 구조가 존재하며 우두머리에 있는 사람이 본인의 편리를 위해 만든 경우도 많다. 술을 마시고 홧김에 탈퇴라도 하면 무슨 일 있냐며 위로하는 듯 흰소리를 풀며 초대하기를 통해 다시 부른다. 재미없는 농담에 이모티콘을 남발하는 사람을 보는 것도 지겨운 일 중 하나다. 이런 형국이니 채팅방마다 여러 개의 자아를 꺼내 보이는 수밖에 없다. 앱 위에 숫자가 뜰 때마다 주기적으로 반응한다. 밀린 대화의 벽타기(시간 역순으로 밀린 대화창을 읽는 일)를 하다보면 피로가 몰린다.

채팅방의 개수를 세어보았다. 직장 관련 방만 여섯 개, 친구들도 방의 목적에 따라 너덧 개, 일대일이나 세 명 정도 있는 친목방은 스크롤을 내리다 세는 것을 포기했다. 카카오톡 외에도 텔레그램이나 라인까지 더하면 징글징글하다. 너무나 많은 연결에 우리는 피로하다. 주 52시간 근무제처럼 직장 내 카톡방 개수와 일일 메시지 전송 개수를 제한하는 법안이라도 만들어지면 좋겠다는 심정이다.

사회생활을 하다 자주 듣는 말 중 하나가 '일이 힘드냐, 사람이 힘들지'이다. 사람과 사람의 사이에서 일어나는 사건의 문제라기보다는 결국 사람의 감정이 문제라는 말이다. 정현종 시인은 사람들 사이에 섬이 있고 그 섬으로 가고 싶다고 했지만,

살다 보면 지우고 싶은 섬들도 많다. 우리는 사람으로 태어났지만 사람이 어렵다. 사람과 사람 사이에서 너무나 서툴다.

나는 아직도 처음 만난 사람과 어떤 이야기를 나눌지 잘 모르겠다. 매일 복도에서 마주치는 동료에게도 어떤 인사를 건네야 할지 잘 모르겠다. 복도를 지난다. 50미터 전방에 접근하는, 반갑지 않은 직원1 발견! 누구인지 파악하고 순발력 있게 그의 근황을 떠올리며 말한다. 휴가 잘 다녀오셨어요? 아이가 초등학교 입학하니 더 분주하시죠? 상대가 가장 좋아할 만한 말을 순간 포착해 그에 걸맞은 표정을 가면처럼 짓는다. 정 생각이 나지 않으면 복장을 훑어본 뒤 의복 센스에 관한 칭찬을 건네거나, 정말 할 말이 없다면 날씨 얘기로 안부를 묻는다. 건강하시죠? 요즘 날이 꽤 더워 회사 오는 게 더 좋네요! 하나 마나 한 얘기 말이다. 오천 원권 전속 모델이신 율곡 선생이 알려주셨다. 『격몽요결擊蒙要訣』 '접인장接人章'에는 선하지 않은 자를 대할 때의 요령이 나온다.

> 시골 사람들 중에서 착한 자가 있으면 반드시 친근하게 지내고 서로 정을 통하고 지내야 한다. 또 시골 사람들 중에서 착하지 못한 자라도 또한 고약한 말로 그 사람의 잘못하는 행동을 드러내어 말하지 말아야 할 것이다. 다만 그런 사람은 그저 범연하게 대접해주고 서로 왕래하지 말 것이다. 그런 사람이 만일 전에 알던 사람인 때는 서로 만나더라도 인사만 하고 다

른 말을 서로 나누지 말 것이니, 이렇게 하고 보면 점점 멀어질 뿐이요, 원망하거나 노여워하지는 않을 것이다.

鄕人之善者 則必須親近通情 而鄕人之不善者 亦不可惡言揚其陋行 但待之泛然 不相往來 若前日相知者 則相見 只叙寒暄 不交他語 則自當漸疏 亦不至於怨怒矣

상대가 내게 악의를 품은 사람이든 별 관계없는 사람이든 상사든 동기든 함께 일하고 관계를 유지하는 일이 힘에 부치며 여전히 서툴다. '서툶'은 모자란 데에만 있지 않다. 대인관계에 능수능란해 보이는 사람은 그 넘침 때문에 서툰 것이다. 짧은 시간에 과하게 호감을 표시하는 일도 때로 폭력이 된다. 나는 당신에게 이만큼 관심이 있으니 어서 당신도 나에게 이만큼 관심을 주면 좋겠다는 암묵적 요청이며, 관계의 높낮이에 따라 폭력적으로 느끼기도 하는 것이다. "동갑이니 친구 먹자"라든가 술 한잔 마시면 "형이라고 불러"라고 말하는 사람이 나는 불편하다. 관계는 나이로 만들어지는 것이 아니다. 성리학과 유교의 윤리가 깊이 박혀 있는 대한민국의 이상한 문화다.

관계는 오랜 시간에 걸친 두 사람의 합의로 만들어지는 것이다. 사람 사이에는 적당한 거리가 있다. 나와 친구 A의 적당한 거리가 있다면, 친구 B와의 적당한 거리가 있을 것이고 그 거리는 분명 다르다. 그 사이를 조율하고 매번 조심스레 살피는 일

이렇게 복잡 미묘하고 거대하게 직조된
'인간 네트워크'의 가지치기를 연말에 한 번이라도
하지 않으면 견딜 수 없으니…

이 인간관계의 관건일 것이다.

이렇게 복잡 미묘하고 거대하게 직조된 '인간 네트워크'의 가지치기를 연말에 한 번이라도 하지 않으면 견딜 수 없으니 애먼 스마트폰 주소록이나 열어 사람을 지우는 것이다. 내게 전화한 당신에게 "○○씨" 또는 "○○야"라고 하지 않고 "네" 또는 "여보세요"라고 묻는다면 당신은 이 세계에서 나와 조금 멀리 걷는 사람이다. 나는 친하다고 생각했는데 어떻게 이럴 수 있지 하며 서운할 수도 있겠지만, "내 번호 저장 안 했어?"라고 물을 수 있겠지만, 나는 자주 쓰지 않는 번호는 지우는 습관이 있다고, 번호가 많으면 스마트폰이 무거워진다고, 약간의 위트를 섞어 솔직하게 말할 것이다.

달라지는 건 없지만 이 지긋지긋한 인맥에 반발하는 1인 시위 같은 것이 나에게는 필요했다. 과도한 연결 속에서 우리는 행복한지 묻고 싶다. 일 년에 한 번 어떤 무리를 제외시켜 남는 소중한 사람들을 떠올려본다.

※ 하나 더

e 프라이버시 클린 서비스: 자신도 모르게 인터넷 사이트에 가입이 되거나 개인정보 조회가 된 경우 일괄 지울 수 있는 서비스다. 저자의 경우 ×× 캐피탈이란 곳에서 개인정보가 조회되어 있었고 탈퇴 신청을 했다(나쁜 사람들).
https://www.eprivacy.go.kr/

안 하는 편이 좋겠습니다
I would prefer not to do

할 일을 기록하고 실천해야만 하는 삶은 끝나지 않는다. 회사 책상 앞에 붙여둔 포스트잇에는 문서 작업, 콘텐츠 기획부터 출연자 정산까지 무수한 할 일들이 적혀 있다. 이미 처리한 업무도 있지만 결코 떼지 않는다. 전시용이다. '내가 이렇게 바쁘고 열심히 일한다. 이런 나의 애사심을 보아라'하며 윗사람들에게 보이는 것이다.

아나운서가 방송만 하지는 않는다. 잡무들도 많다. 신입 시절부터 근 7년 올바른 한국어 사용을 위한 KBS 한국어 포스터를 신문 배달원처럼 옆구리에 낀 채 붙이고 다녔다. 멋진 양복을 입고 방송용 풀 메이크업을 하고 붙이는 날도 있었다. 기획도 하고 장비 관리도 하고 정산도 한다. 일반 직장인의 업무에 '방송 진행'이라는 알파가 더해진 구조다. 다이어리 속 업무들을 체크하고 게임의 미션처럼 성취감과 무용함을 오가며 하루치의 스테이지를 헤쳐 나간다. 만렙은 없다.

만취해 자고 일어난 아침, 눈을 뜨기도 전에 할 일이 눈꺼풀 위에 차트처럼 펼쳐진다. 회사 입구에 들어서면서부터 우리는 우리가 아니다. 정확히 말하면 여러 개의 자신 중 지극히 사회화된 자아를 꺼내놓아야 한다. 직장 생활에 최적화된 한 인간이 갖출 미덕의 틀에 마음의 살을 욱여넣어 안 맞는 옷처럼 입고서 경직된 하루를 보낸다.

허먼 멜빌의 소설 『필경사 바틀비』의 주인공 바틀비는 조용하고 책임감 있는 사람이었다. 그런 그는 어느 날부터 일을 맡기는 상사에게 이렇게 말한다. "안 하는 편이 좋겠습니다I would prefer not to do." 상사는 당황한다. 이후로 바틀비는 점점 일하지 않게 된다. 상사는 계속해서 그를 설득해보지만 같은 답을 할 뿐이다. "안 하는 편이 좋겠습니다." 나도 바틀비처럼 일을 시키는 상사에게 같은 말로 응수해보려다 '하는 편이 좋겠습니다'라고 말할 뻔했다.

언제부턴가 스마트폰 메모장에 하지 않을 일의 목록not to do list을 적어야겠다는 반골 기질이 송곳처럼 마음을 뚫고 나왔다. '안 할 테다.' 다섯 살 악동처럼 '안 해!'를 속말로 반복했다. 하는 건 늘 어렵지만 안 하는 건 생각보다 쉬울 수 있다. 내가 실천하는 '안 하기 리스트'에서 꾸준히 실천하는 항목은 '점심 약속 잡지 말기'다.

일반적인 근무 시간이 9시간이라면 그중 1시간~1시간 30분가량이 점심시간이다. 업무의 연장으로 점심 식사를 자주 해야 하는 직종도 있겠으나 내 경우는 일주일에 한두 번 있을까 말까 하다. 핑계는 '간헐적 단식'으로 정했고 철저히 실천 중이다. 점심을 거르는 대신, 영화 「패터슨」의 주인공처럼 공원을 돌며 계절의 흐름을 읽거나 글을 쓴다.

직장 동료들과 식사 횟수를 줄이는 이유는 모든 이야기가 결국 회사 욕과 사람 욕으로 끝난다는 점이다. 욕에는 에너지가 많이 든다. 필요 없는 잡담을 통해 오히려 스트레스를 받는다. TMI도 많다. 이미 너무나 많은 정보 쓰레기에 지쳐가는 우리다. 검색하면 다 나오는 주식 정보와 누가 누구랑 사귀다 헤어지고 누가 부동산으로 성공했는지는 궁금하지 않다. 글을 쓰는 지금도 점심시간이다. 점심點心엔 글쓰기로 마음에 점을 찍는다. 좋은 문장이다. 천생 작가인가보다.

더불어 나의 '안 하기 리스트'에는 무의미한 술자리 잡지 않기, 처음 만난 사람과 말 놓지 않기도 있다. 쓰고 보니 나도 참 까칠한 인간이다 싶다. 나이 들면 좀 누그러질 줄 알았던 성정은 오히려 더 뾰족하고 날카로워진다. 이외에도 책은 빌려서 읽지 않기, 가능하면 종이컵 등 일회용품 쓰지 않기, 돈 빌리지 않기, 보이지 않는 갑을 관계에서 이득 취하지 않기, 택시 안 타고 버스나 지하철 타기, 술 적게 마시지 않기, 낮술 사양하지 않기 등이 있다.

안 하는 것을 통해 얻는 쾌감이 있다. 메모장에 세 개만 적어서 실천해보자. 그리고 되뇌어 연습해보자.

"안 하는 편이 좋겠습니다."

또는 혀를 굴려 영어로 해보자.

"I would prefer not to do." *

---

* prefer는 to부정사와 동명사를 모두 목적으로 사용할 수 있는 동사다. 비교의 의미로 prefer A to B 형식으로 쓸 수 있다. 몰라도 된다.

6

쓸데없이 ─────────── 쓸모 있는

구름의
이름

 일없이 밖에 나와 구름 같은 것 좀 보면 어떤가. 하늘 좋은 날 기어코 동물과 닮은 형태의 구름을 찾으려던 어린 날처럼 말이다. 넋을 좀 빼내어 하늘에 널어두고, 사라지며 나타나는 구름 테두리 같은 것 좀 보면 어떤가. 구름의 수명은 10분 남짓이라고 한다.
 처음 구름에 이름을 붙이고 형태를 분류한 사람은 '루크 하워드Luke Howard, 1772~1864'다. 과학에 관심이 많았지만 퀘이커 교도였던 권위적인 아버지의 뜻에 따라 약제사가 되었다. 밥벌이로 전도유망한 직업을 갖기 바라는 부모 마음은 예나 지금이나 같았나 보다.

학창 시절 학교 인근 하숙집에서 창밖의 구름을 하염없이 바라보는 것이 그의 낙이었다. 그때부터 루크 하워드는 구름의 철학자이자 과학자가 되었다. 구름 형성의 원리에 대해 과학적인 주장을 펼치던 그는 1802년 「구름의 분류에 관하여」라는 논문을 발표한다. 거기에서 구름을 형태와 밝기, 구조, 높이 등으로 세분화했는데, 그 분류를 기준으로 국제구름도감 International Cloud Atlas이 탄생한다. 전 세계의 구름을 150종으로 분류한 이 도감은 1896년 국제기상회의에서 처음 발간되었다. 흘러가는, 그리하여 사라지는 것에 이름을 부를 수 있는 것은 루크 덕분이다.

> 무덤 위를 지날 때마다 거칠게 골격을 바꾸는 구름들
> 막 나다른 막나듬이 있고
> 국제구름도감엔 거친물결 모양구름이 추가되었다
>
> 가장 독하게 울 수 있는 방향으로,
> 여행이란 자주 지명이 바뀌는 곳
> _____ 이상협, 「여행 도감」 중에서

'구름감상협회cloudappreciationsociety.org'가 있다. 역시 루크의 고향, 전통의 구름 강국 영국답다. 옥스퍼드대학 출신의 개빈 프레터-피니Gavin Pretor-Pinney가 2005년 협회를 만들었다.

현재 120여 개국 수만 명의 회원이 각자 사는 곳에서 찍은 구름 사진을 구름감상협회 갤러리에 올리며 '구름 추적자'로 활동 중이다. 유료 회원이 되면 먼저 회원 인증서와 구름 배지, 구름 식별 휠을 준다. 그리고 매일 구름 편지cloud a day mail를 받는다. 30유로면 회원이 될 수 있다.

2017년 회원 중 한 명이 '거친물결모양구름'이라는 독특한 형태의 구름을 발견했고, 아스페리타스Asperitas라는 라틴어 이름으로 국제구름도감에 등재됐다. 구름 추적자들은 그들만의 선언문도 만들었다.

> We believe that clouds are for dreamers
> and their contemplation benefits the soul.
> Indeed, all who consider the shapes they see in them
> will save money on psychoanalysis bills.
>
> 우리는 구름이 몽상가를 위한 것이며
> 그들의 몽상은 영혼을 이롭게 한다고 믿는다.
> 참으로, 구름의 모습을 사색하는 사람은
> 모두 정신과 상담료를 아끼게 될 것이다.
> ─── 「구름감상협회 선언문」 중에서

우리는 꼭 구름을 보아야 한다. 신경정신과 상담료를 아껴야 하니까. 구름을 보는 것은 일종의 명상이며, 시각 과잉 세계에서의 해독법이다. 설립자 개빈 프레터-피니도 이 세계에서 구름은 진통제 같은 역할을 한다고 말한다. 그리고 구름찾기란 무의미하지만 무의미해서 중요하다고 말한다. 그야말로 뜬구름 잡기다.

개빈의 TED 강연

종교가 타락한 이 시대에 구름이 새로운 종교가 되었으면 한다. 기독교, 가톨릭, 불교, 힌두교, 몰몬교, 라마교, 주로아스터교, 이슬람교 모두 메타포의 세계 아니던가? 예배당 대신 천장이 열리는 돔 모양의 둥근 공간에 때 없이 사람들이 모여 하늘을 경전처럼 읽는 종교는 어떤가. 위아래 없이 빙 둘러앉은 곳에서 절대 침묵으로 묵상하고 명상하는 종교. 신은 없고 사람만 있는 종교. 이런 뜬구름 같은 일이 우리에게는 필요하다. 누군가 말했다. 우리는 각자의 방식으로 천국에 가야 한다고.

시인들은 구름을 좋아하고 나의 시에도 어김없이 구름이 나온다. 구름이 없었다면 우리 시인들은 어떻게 시를 썼을까. 비유의 질료로 이만한 것이 있나 싶다. 유희경 시인의 「구름, 구

물이 불을 만나 하늘로 가 구름이 되고
그것은 처연히 아름답다. 아름다움을 배운 바 없이
우리는 구름을 사랑하고, 구름은 멀리 있다.

름들」, 김경주 시인의 「구름의 조도」, 이상협 시인의 명작 「서쪽 구름」 같은 시를 검색해 읽어도 좋다. 사서 읽으면 더 좋고.

구름이 너무 많아 흐린 날에는 『구름 읽는 책』이나 『세상에서 가장 아름다운 구름 사전』 같은 책에서 마음에 드는 구름의 이름 몇 개를 가져오는 것은 어떤가. 허정은 작가의 콜라주 작업과 문장이 사이좋게 담긴 『영원 구름 순간』을 무릎에 올리고 시간을 보내보는 것은 어떨까. 긴 문장을 해독할 기력이 없다면 백희나의 『구름빵』이나 아니면 존 버닝햄의 『구름 나라』를 무심히 훑어도 좋겠다. 그것도 귀찮다면 레안드로 에를리치Leandro Erlich의 구름 작품이나 다이애나 세이터Diana Thater의 설치 작품 「흰색은 색이다」 혹은 이안 피셔Ian Fisher의 구름 그림을 검색해 눈에 바르는 건 어떨지.

이안 피셔 홈페이지

생수통의 물을 보며 생각한다. 이것은 구름. 한때 구름이었던 것을 마신다. 세수하다 생각한다. 이것은 구름. 한때 구름이었던 것을 만져본다. 구름으로 얼굴을 씻는다. 한때 구름 아닌 세상만사 있을까. 물이 불을 만나 하늘로 가 구름이 되고 그것은 처연히 아름답다. 아름다움을 배운 바 없이 우리는 구름을 사랑하고, 구름은 멀리 있다. 가까이서 보면 이내 사라지는 구름. 구름 속에서는 구름을 볼 수 없다. 멀리서만 보이는 것이 있다. 구름, 하고 발음하면 여름이 떠오른다. 여름이라 불러봐도 구름은 떠오른다. 탐스러운 여름 구름은 계절의 가장 강한 빛을 받아 비현실적으로 빛난다. 구름 그림자 밑에서 구름이 적는 문장을 읽어보면 어떤가. 눈을 감았다 다시 뜨면 얼굴이 달라지는 구름. 구름의 이름을 불러본다.

가을에는 바람이 보약이며 구름이 진통제다.

낭독 영상 「구름의 이름」

구름의 이름

구름의 이름을 부른다
구름에 이름이 있었을까
처음 구름에 이름을 붙인 사람의 이름은
루크 하워드
영국사람 루크 하워드는
약사였지
아름답게 변화하는 구름의 모습에 반했다지
기상학자가 되었지
움직이는 아름다움에
이름을 붙이기 위해
구름을 부르기 위해
그는 하늘을 보았다지
구름의 이름을 불렀다지

새털구름 털구름 갈고리구름 명주실구름

농밀구름 탑구름 송이구름 방사구름 얽힘구름 늑골구름 이중구름

유방구름 비늘구름 고등어구름 **파도구름** 벌집구름 꼬리구름 엷은구름

봄안개구름 안개모양구름 양떼구름 **얼룩구름** 렌즈구름 **반투명구름** 불투명구름

비층구름 토막구름 봉우리구름 **조각구름** 두건구름 면사포구름 아치구름

깔때기구름

흐린구름 밭고랑구름 얼룩구름 가을안개구름 대머리구름 털보구름

켈빈헬름홀츠파구름 **홀펀치구름** 말발굽구름 비행운

틈새구름 높층구름

구름을 부르면

멀리

구름이 온다

물생활의
발견

 아들 선우가 강아지를 키우고 싶어하는 마음을 '베타Betta'로 돌려 보려 했다. 베타는 물강아지라 불릴 정도로 사람을 잘 따르고 좁은 공간에서도 잘 자라는 담수어다. 수컷의 경우 성격이 예민해 다른 물고기들과 합사가 어렵다. 거울을 보여주면 지느러미를 한껏 부풀리는 '플레어링flaring'을 하는데, 하프 문 베타의 플레어링은 고혹적이다. 선우를 핑계로 유튜브로 열심히 공부를 시작했다. 처음에는 베타에 관련된 영상만 보다가 관심이 물고기 전반으로 확장되었다. 물고기는 종류도 많고 기르는 방법도 다양했다.
 가장 먼저 관심이 간 물고기는 해수어였다. 애니메이션에서 보았던 해수어 니모가 말미잘에게 다가가 몸을 비비는 귀여운 모습은 마음을 간질였다. 담수어와 달리 해수어를 기르려면 염도와 온도를 맞추는 일부터 여과법과 박테리아 순환법까지 익혀야 한다. 물고기가 오래 살기 위해서는 최적의 환경을 만들어주는 것이 중요하다. 물고기가 만드는 유기물은 암모니아를 발생시키고 이는 물고기 생태에 독이 된다. 여과 박테리아가 암모니아를 아질산으로 바꾸고 다시 다른 여과 박테리아가 아질산보다 독성이 적은 질산염으로 바꾸는 것을 '여과 사이클'이라고 하는데 이것을 제대로 구현하는 일은 너무나 어려워 보였다. 이를 '물잡이'라고 한다.

물잡이하는 한 달간은 물고기를 넣을 수 없다. 여과 사이클이 완벽히 만들어져야 물고기가 살 수 있는 환경이 갖춰지기 때문이다. 이 균형이 조금만 깨져도 물고기는 죽고 만다. 수시로 아질산염의 수치와 염도를 체크해야 한다. 어긋나는 경우, '물이 깨진다'라고 표현한다. 어항을 가꾸는 것은 흡사 신이 세계를 만드는 일과도 닮아 있다. 돌이나 유목의 배치부터 물고기를 고르는 일까지 하나의 생태계를 만들어내야 하니 말이다.

물고기 생태에 대한 나의 관심은 담수어와 해수어를 거쳐 산호까지 이어졌다. 해양 다큐멘터리에서 보았던 아름다운 산호를 매일 볼 수 있다니 호기심은 커져갔다. 산호가 잘 자라는 염도와 물고기가 잘 자라는 염도가 다르고 수온 또한 상이하지만 두 가지를 같이 키우는 것도 가능했다. 초고수의 영역이었다. 그러나 심해의 아름다운 모습을 일부라도 집으로 옮겨올 수 있다니 가슴이 두근거렸다.

물고기를 기르는 전반의 일을 '물생활'이라고 한다는 것을 알게 되었다. 술생활만큼 물생활의 세계는 놀라웠다. 술 한 잔을 앞에 두고 아름다운 물고기들을 유튜브로 감상하며 물생활의 꿈을 키웠다. 횟감으로 보이지는 않아 다행이었다.

물생활 공부 6개월 즈음 '테라리움terrarium'의 존재를 알게 되었다. 유리 용기 안에 흙과 모래, 식물을 배치하고 물을 자주 주지 않아도 자생하는 생태계를 만드는 것이다. 테라리움에 파충류와 양서류 등의 생물을 투입하는 '비바리움vivarium', 이 비바리움에 물을 넣고 물고기까지 키우는 '팔루다리움paludarium'도 있었다.

물건 가격만 물어보고 용산 전자상가를 빠져나오는 사람처럼 결국 이런저런 핑계와 이유로 포기하기에 이르렀다. 그리고 다시 베타로 관심이 돌아갔는데 곧 전세 기간이 만료되어 이사 직전이었다. 언젠가 내 집이 생기면 하나의 생태계를 만들어 잠시나마 작은 신이 된 기분을 느껴볼 생각이다.

베타는 결국 선우의 마음을 돌리지 못했다. 아직도 강아지를 기르자고 조른다. 집에 대형 어항을 들이느니 그냥 개를 기르는 게 낫겠다는 생각도 드는 큰 소득 없는 6개월이었지만, 이끼로 작은 모사리움mossarium을 실험 중이며 뜻밖의 문장과 단어 두 개를 얻었다. '물이 깨지다', '물생활', '물잡이'. 천생 시인인가 보다 나는. 훗.

부캐
만들기

 나는 하나일까? 매사 느리고 허술한 내가 '온 에어ON AIR' 빨간 불만 들어오면 대체로 똑똑한 사람처럼 보이는 것을 보면 둘인 것도 같다. 평소 말수 적고 낯가림이 심한 내가 술 마시고 명랑해지는 모습을 보아도 나는 하나가 아닌 것 같다.
 현대인들은 필요할 때마다 여러 개의 얼굴을 꺼내 쓴다. 사회적으로 맺어진 관계의 종류에 따라 '나'는 다양하게 분화한다. 부모님 앞에서의 나와 친구들 앞에서의 나는 다르다. 회사나 학교에서도 마찬가지다. 관계를 중심으로 최적화된 나의 모습을 꺼내는 것이 여러모로 편리하기 때문이다.
 얼마 전부터 '부캐'가 유행이다. 부캐란 부차적임을 뜻하는 한자 '부副'에 영어 '캐릭터'를 결합한 줄임말이다. 온라인 게임이나 인터넷 커뮤니티 등에서 원래 사용하던 캐릭터 외에 새롭게 만든 부가적인 캐릭터를 '부캐'라고 한다. 부캐 놀이에 불을 지핀 것은 방송인 유재석이다. 유재석은 홍길동이 되었다. 단지 분신술로 몸의 개수를 늘린 것이 아니라 유산슬, 지미 유, 유야호 등 각기 다른 자아로 분화된 홍길동이 된 것이다.

부캐의 원조(?) 격으로 손꼽히는 인물은 명나라 10대 황제 정덕제正德帝다. 이름은 주후조朱厚照, 묘호廟號는 무종武宗이다. 그가 즉위한 해의 연호를 따서 정덕제라 부른다. 황제 생활로는 심심했는지 기행을 일삼았다. 자신에게 '주수朱壽'라는 제2의 이름을 붙인 다음 주수에게 위무대장군의 직위를 내렸다. 군대를 이끌고 주수의 이름으로 출정했으며, 대장군 신분으로 황제인 자신에게 글을 올리기도 하고, 본인인 주수에게 황제로서 상을 내리기도 하는 등 부캐를 매우 진지하게 활용한 인물이었다. 유언도 걸작이다. "나를 잘 보고 너희들은 이상한 짓을 일삼지 말거라."

부캐의 양으로 따지면 이 인물을 따라갈 수 없다. 페르난두 페소아Fernando Pessoa. 그의 별명이 이명異名들의 스승이다. 여섯 살 때 '슈발리에 드 파'라는 이명을 시작으로 70개가 훌쩍 넘는 이명을 사용했으니, 프랑스 소설가 로맹 가리가 '에밀 아자르'라는 이명을 사용해 공쿠르상을 두 번 탔던 사실은 귀여울 정도다. 이쯤 되면 '페르소나 페소아'라고 부르고 싶어진다. 그는 알베르투 카에이루, 알바루 드 캄푸스, 히카르두 헤이스 세 개의 이명을 가장 자주 사용했다. 자신을 숨기기 위한 가명이 아닌 스스로 펼치기 위한 이명이었다. 이명heteronym은 푸코가 언급한 유토피아의 현실태 공간인 헤테로토피아Heterotopia로 가는 티켓이 아닐까. 이명은 그 자체로 나 아니고 싶은 자가 여기 아닌 곳으로 향하는 여행일지도 모른다.

> 우리는 모두 여러 가지 색깔로 이루어진 누더기. 헐겁고 느슨하게 연결되어 언제든 자신이 원하는 대로 펄럭인다. 그러므로 우리 자신 사이에도, 우리와 다른 사람들 사이만큼 다양함이 존재한다.
> _____ 몽테뉴, 『수상록』 중에서

광고에 종종 등장하는 노래 「페이퍼 마쉐Paper Mache」를 부른 가수는 리타 칼립소Rita Calypso이다. 그런데 이 이름은 사실 뮤지션 안나 라안Ana Laan의 이명이다. 안나 라안은 리타 칼립소라는 이명을 만든 데서 한술 더 떠 인물의 라이프스타일까지 치밀하게 설계했다. 그리고 앨범 CD에 그녀를 이렇게 소개했다.

"리타 칼립소는 마드리드 출신으로 여행을 사랑하며 방랑벽이 있고 전 세계를 누빈다. 억만장자 맬컴 포브스의 풍선 기구에도 탑승했었으며, 오스트리아의 귀족 폰 패츠 남작과 점심 식사를 함께하기도 했다. 그녀는 매혹적이며 카리스마가 넘친다. 수영과 테니스, 펜싱과 스키 등 운동을 좋아하며 파티가 아니면 술도 마시지 않는다. 그녀는 언어의 우아함을 믿고 있으며 걸을 수 있는 것 자체가 선물이라고 생각한다…"

안나가 리타의 캐릭터를 이용해 다른 활동을 했는지는 모르겠지만, 꼼꼼하고 재미있는 설정의 치열한 부캐 놀이다.

영국 싱어송라이터 데이비드 보위David Bowie도 '지기 스타더스트Ziggy Stardust'라는 화성에서 온 외계인 콘셉트로 음악적 페르소나를 만든 적이 있다. '슬림 셰이디Slim Shady'라는 연출된 자아를 만들어 활동한 에미넴Eminem, '어거스트 DAgust D'라는 활동명을 만든 BTS의 슈가도 있다. 둘째이모 '김다비'처럼 본캐(본래 캐릭터)의 이모라는 설정도 재미있는 부캐 놀이다. 델리스파이스의 김민규는 '스위트피'로, 미선이의 조윤석은 '루시드 폴'로, 마이 앤트 메리의 정순용은 '토마스 쿡'으로 활동했는데, 음악의 방향성을 구분하기 위해 이렇게 이름을 새로 만들기도 한다.

'부캐'와 다중 자아인 '멀티 페르소나Multi-persona'는 명확하게 구분하기 어렵지만 차이점을 생각해볼 수는 있다. 부캐는 일회성이 강하고 본캐에 부가적인 활동을 더해 보여주는 이벤트성이 강하다면, 멀티 페르소나는 본캐의 기능을 확장하기 위해 만들며 지속성을 지닌다. 위상 또한 당연히 본캐와 같다. 안 궁금하실 테지만 저자의 경우 아나운서로 활동할 때, 글을 쓸 때, 음악을 할 때 각기 다른 스위치를 켠다. 뮤지션 에고트립 EgoTrip, 아나운서 이상협李尙協, 시인 이상협李箱協 어느 하나 부캐라고 하기 어려우니 부캐보다 멀티 페르소나라고 해야 맞겠다. 참 쓸데없이 열심히 사는 저자다.

코스튬 플레이costume play인 코스프레도 일종의 부캐문화로 볼 수 있다. 평소 동경하는 캐릭터가 되어보는 것인데, 평범한 자신의 현실을 코스프레를 통해 잠시나마 잊는 것이니 연예인들의 부캐 놀이와는 다르다. 어쨌든 복장을 통해 만들어지는 마음은 분명히 존재한다. 나에게는 두 번의 인상적인 경험이 있다.

넣나 선 경찰의 날 특집 다큐멘터리에 프리젠터로 참여했는데, 경찰복을 입게 되었다. 점심을 먹고 촬영 복장 그대로 커피숍에 들어갔을 때, 사람들의 시선이 평소와 다르다는 것을 느꼈다. 행동 하나하나가 저절로 조심스러워졌고, 시민들을 지켜줘야 할 것 같은 이상한 의무감도 밀려왔다. 두 번째는 한글날 기념행사에서 세종대왕 역으로 참여했을 때다. 궁녀들과 왕비들이 조아리며 나를 맞이했다. 세종문화회관의 드넓은 무대를 걷고 있자니 정말 왕이 된 느낌이었다. 승모근에 힘이 들어가고 붙인 수염을 쓰다듬자니 잠시지만 세상 부러울 것 없었다. '아, 이래서 왕을 하는구나' 생각하며 셀카를 같이 찍자는 왕비

성격을 바꾸기는 힘들지만 새로운 성격을
추가하는 것은 가능하다. 마찬가지로 나를 바꾸는 일을
고민하기보다 나를 추가해 사용한다면 어떨까.

와 궁녀들에게 외쳤다. "줄을 서시오."

군복만 입으면 다소 뻐딱하게 돌변하는 예비군들의 마음도 마찬가지일 것이며, 코로나 때문이었지만 마스크를 쓰던 우리들의 마음은 민얼굴일 때와 같다고 할 수 없다.

유명인만 부캐 놀이를 할 수 있는 건 아니다. 시를 쓸 때는 흰 와이셔츠에 검은 바지와 구두, 뿔테 안경까지 다 갖추는 사람도 있다. 시에 몰입하기 위한 복장 주술이다. 얼굴을 반쯤 숨겨주는 후드티 모자를 뒤집어쓰고 거리를 산책해도 기분은 달라진다. 평소에 안 입는 옷을 사서 입어보는 것도 지루한 삶에 재미를 줄 일종의 부캐 놀이가 될지 모른다.

어차피 나는 하나일 수 없다. 성격을 바꾸기는 힘들지만 새로운 성격을 추가하는 것은 가능하다. 마찬가지로 나를 바꾸는 일을 고민하기보다 나를 추가해 사용한다면 어떨까. 지킬 앤 하이드 같은 '다중이'가 되면 안 되겠지만 기능에 따라 자기 자신을 잘 바꾸는 양성적 부캐 사회가 이룩되기를 바란다.

이제 가서 시詩 쓸 시간이다. 에세이스트 상협이는 이만.

사고 나면
사고事故가 될까요?

 매월 21일은 월급날. 나에게 할당된 숫자를 바라본다. 그것은 명백히 가상의 숫자일 뿐이다. 신용카드와 앱 카드 사용으로 현금을 잘 쓰지 않는 요즘, 월급은 인출하기 전 내게 잠시 머물다 가는 하나의 숫자에 지나지 않았다. 월급은 내게로 와 숫자가 되었다. 오늘 밤에도 통장에 숫자가 스치운다. 나는 운다.
 수중에 돈 1,000만 원이 갑자기 생긴다면, 그리고 사치에만 사용해야 한다는 전제 조건이 붙는다면 당신은 어떻게 이 돈을 쓸 것인가? 나는 사고 싶은 것이 많다. 사고 싶은 것이 있다는 건 삶의 의지가 강하다는 의미이며, 구매욕은 건강한 삶의 지표다라고 하면 안 될까요?

아직도 전세살이지만 정신을 못 차렸다. 사고 싶은 물건이 생기면 오래 기웃거린다. SNS나 유튜브에서 리뷰를 보고 북마크해둔다. 가격이 비싸지 않은 것도 있고, 매우 비싸 다음 생을 기약해야 하는 물건들도 있다.

근래 수면의 질에 대해 고민 중이다. 인간은 삶의 3분의 1을 잠으로 보내고 있는데, 그 부분을 크게 신경 쓰지 못했다. 한때 수면 전문점 '더 잠The Zam' 같은 가게를 만들어 침구, 아로마테라피 툴, 수면 전문서적 등 잠에 관련된 모든 용품을 판매하고, 전문가를 두어 불면증 상담도 하면 어떨까 생각해봤다. 친구들은 망할 거라고 했다. 그럼에도 불구하고 스타트 업을 만들고 성공시켜 국내 100대 벤처로 올해 받은 투자금만 90억 가까이 된다…, 라고 쓰고 싶지만 해보지 않은 일 앞에는 해결해야 할 골칫거리들이 산재하기 마련이다. 쓸데없는 소릴 하는 걸 보니 요즘 잠이 부족한가 보다.

좋은 침대를 사고 싶다. 가격별로 천차만별인데 어떤 제품은 혀를 내두를 정도로 고가다. 모션 베드가 유행이다. 기존의 고정된 침대에서 진화했다. 리모콘 버튼을 눌러 원하는 자세에 맞춰 베드를 위아래로 조정하는 침대다. 병원에서 환자의 편의를 위해 베드 윗부분을 세울 수 있게 만든 의료용 침대를 가정용으로 개발, 보급한 것이다. 템퍼TEMPUR 사의 무중력 침대는 비싸도 탐난다.

나는 집에서 소파나 침대에 빨래처럼 널려 있는 경우가 많다. 누워서 뭔가 하는 것을 좋아한다. 이 글도 거의 누워서 쓰는 중이다. 돈 좀 있는 집이라면 명품 리클라이너에 앉아 우아하게 책을 읽거나 음악을 듣곤 하겠지만 일반 가정에서 만만한 곳은 소파와 침대며, 침대는 안락하다. 회사에 모션 베드를 두고 무릎 테이블을 놓아 업무를 본다면 어떨까 상상해본다.

침대 말고도 사고 싶은 것은 너무나 많다. 다이어리 뒷면에 언제나 사고 싶은 물건들을 적어놓는다. 안 궁금하겠지만 나의 위시 리스트와 구매하고픈 이유를 살짝 공개한다.

● 상협이의 위시 리스트(2023년 1월 1일 기준)

1. 브라운 블루투스 스피커 LE1

브라운 전성기의 디자이너인 디터 람스Dieter Rams가 1959년에 만든 LE1이라는 전설의 스피커를 오마주해 제작한 모델이다. 60년 만에 리메이크해 출시했다. 디터 람스의 제품을 구매하는 것은 대량 복제된 현대 예술품을 소유하는 일과 같다고 생각한다. 실제 그가 디자인한 제품들은 모던 아트 반열의 작품으로 인정받고 있다. 심플 이스 베스트simple is best 다! 나이 들수록 단순하고 정제된 미감을 선호하게 된다. 1,199달러.

2. 몽블랑 스타워커

인류가 달에 착륙한 지 50년 된 해를 기념해 만들었다. 광활한 우주에서 지구를 바라보는 모습이 만년필 뚜껑에 담겨 있다. 국제우주정거장에서 229일을 보낸 우주비행사 레로이 차오와 한국 일러스트레이터 최재훈이 비주얼 아트워크와 영상 제작에 참여했다고 한다. 우주를 내 손안에. 53만 원.

3. 임스 라운지 체어

일단 사양을 알아보기 전에 가격을 보자. 그만 알아보자. 예산 초과. 900만 원가량. 다음 생애로 리스트 자동 이관.

4. 나아바 NAAVA

나아바는 식물을 이용해 실내 공기를 자연 방식으로 정화하는 스마트 그린 월 시스템이다. 북반구 청정지역에서만 자라는 이끼에서 이름을 따왔다고 한다. 벽처럼 세워진 공기청정기의 안쪽에는 이끼와 각종 공기정화 식물들이 들어 있다. 세계적인 산업디자이너 빌레 코코넨이 핀란드의 자연에서 영감을 받아 만들었다는데 가격 정보가 없다. 비쌀 것 같다.

5. 라문 아물레또 조명

이탈리아의 세계적인 건축가이자 디자이너 알레산드로 멘디니가 세상에서 가장 사랑하는 손자의 눈 건강과 행운을 기원하며 만든 학습용 LED 스탠드. 45만 원.

6. 파네라이 PAM111 시계

야광시계의 대명사. 시스루 백, 즉 투명한 뒷면을 통해 시계 내부를 볼 수 있다. 어두운 곳에서 "오빠, 야광 시계다"라고 말해볼 수 있다. 3,850 달러.

7. 나전월광문반

두 번의 도전 끝에 실패했다. 둥근 나무판에 사선의 자개로 달무늬를 넣은 쟁반이다. 전시회 때 사지 못했고 마지막 도전으로 가게 개점 시간 전에 줄을 서는 정성을 보였으나, 제품은 9개, 나는 순서가 11번째였다. 바로 앞에서 구매하지 못한 사람의 아쉬운 표정을 보며 그나마 마음을 달랬다. 작가에게 인스타그램 DM도 보내 망친 것이라도 사고 싶다고 구애해봤는데, 현재 모두 매진이며 작가의 손 부상으로 시간이 필요할 것 같다. 정말 아름다운 쟁반이다. 작가님 쾌차하세요!

술만 마시면 인터넷 쇼핑몰에서 자꾸 뭔가를 결제하는 습관이 있지만 다행히도 앞에 나열한 고가의 물건들은 아니다. 일 년에 한 번 위시 리스트를 업데이트하지만 실제 물건을 사는 일은 거의 없다. 그래도 사고 싶은 물건이 있다는 건 삶에 작은 목표 하나가 생기는 일이다. 별것 아닌 듯한 작은 목표가 삶의

사고 싶은 물건이 있다는 건 삶에
작은 목표 하나가 생기는 일이다. 별것 아닌 듯한
작은 목표가 삶의 동력이 되기도 한다.

동력이 되기도 한다.

얼마 전 SNS에서 본 이야기다. 어떤 사람이 여행을 하다 두바이 친구를 사귀었는데 그 친구가 지갑을 잃어버려서 30만 원 정도를 빌려주었다고 한다. 그런데 얼마 뒤 계좌번호를 알려달라는 연락을 받고 확인해보니 10억 가까이 보내주었다. 그는 두바이 왕자였던 것이다. 지어낸 것이라 해도 참 부러운 이야기다. 혹시 부자 왕자 독자 안 계실지.

축소유縮所有 上
− 물건 팔아 한 달 살기

돈이 없었다. 주식으로 생각보다 큰돈을 잃고 자학에 가까운 자각이 필요했다. 욕심은 뒤통수를 친다. 세게 친다. 예외는 없었다. 승현이와 나는 망했다. 망연했다. 그달은 월급을 쓰지 말아보자고 굳게 결심했다. 그동안 다양한 이유로 사치를 자행한 물건들의 목록을 적었다. 그걸 팔아 한 달을 살아보자 다짐했다. 스스로 주는 작은 벌이자 탈출구였다. 필요 이상의 책을 구매했으며 취기에 즉흥적으로 인터넷에서 구매한 물건들이 있었다. 더는 쓰지 않는, 바라보지 않는, 손길을 주지 않는 물건들. 누군가에게는 의미가 될 것이다. 중고나라의 국민들은 나에게 약간의 돈을 지불하기만 하면 되었다.

비파 레이캬비크Vifa Reykjavik 블루투스 스피커는 레고의 나라 덴마크 제품이다. 용도보다 이름에 반해 산 물건이다. 레이캬비크는 내가 간절히 여행하고 싶은 아이슬란드의 수도다. 중고나라에 올렸다. 11만 원. 구매자는 직거래로 방문하는 대신 1만 원 할인을 요구했다. 그럴 줄 알고 11만 원에 올렸다. 10만 원 정도면 일주일을 살 수 있다. 애물단지 오디오장도 팔았다. 무료 나눔을 하려다 1만 원에 올렸다. "무료로 드리면 버리는 물건이라고 생각하실 것 같아 상징적으로 만 원에 팝니다. 하하"라는 문구를 곁들였다. 나는 영리했다. 생각보다 금방 팔렸다.

책은 아주 많은 편이 아니지만 알라딘 중고서점에 두 번은 보지 않을 책들을 팔았다. 금액이 생각보다 적었다. 4만 원 정도가 생겼다. 프랑스에서 산 시계 루이 피옹Louis Pion을 팔까 하다 가격 검색 중 피아니스트 조성진이 차는 시계 브랜드라는 내용을 보고 못 팔았다. 작아서 거의 안 입은, 네덜란드 브랜드 지스타로G-star raw 청바지도 한 벌 팔았다. 휴대용 녹음기는 기능 문제로 반품이 왔다. 이런, 택배비 3,000원 마이너스. 만년필과 작은 소품까지 팔고 나니 대략 40만 원이 모였다. 술을 먹지 않는다면 이 돈으로 한 달을 살 수 있을 것 같았다.

성취감이 가슴 깊은 곳에서 차올랐다가 금방 빠져나갔다. 역시 한 달을 보내기에는 돈이 모자랐다. 승현이랑 술을 마셔버렸기 때문이다. 이후 술이 먹고 싶으면 동네 분식집 '튀기리'에서 마시거나 네 캔에 만 원짜리 맥주를 공원에서 마시기로 약속했다. 그러나 매번 여덟 캔을 먹었다. 새우깡 포함 21,500원이었다. 다시 물건들을 팔기 시작했다. 팔 물건들을 펼쳐놓으니 결국 욕망의 전시장과 다르지 않았다. 나름의 사연도 있어 팔기 아쉬운 물건도 있지만 꼭 필요한 건 아니었다. 하지만 사람이 어디 꼭 필수품만 사는 것인가. 캔맥주를 비우며 생각했다.

일주일 만에, 물건 팔아 한 달 살기에 실패하고 생각했다. 이제 버릴 것을 찾자. 팔 물건들을 고르며 깨달은 건 버릴 물건 또한 너무 많다는 사실이었다. 내 방 구석구석의 다양한 물건들은 복잡한 나의 머릿속을 옮겨놓은 듯했다. 그러던 어느 날 나는 정리 전문가 곤도 마리에를 만나게 되는데….

축소유 縮所有 下
− 버릴 수 없는 이유

우연한 기회에 넷플릭스 오리지널 콘텐츠 「곤도 마리에: 설레지 않으면 버려라」를 보았다. 곤도 마리에는 '정리' 하나로 『타임스』지가 선정한 세계에서 가장 영향력 있는 100인에 올랐다. 'to konmari(곤마리하다)'라는 동사가 정리하다는 뜻으로 사전에 등재되기도 했다. 그녀의 정리법은 이러하다. 한 번에 하나의 카테고리를 정하고 해당 물건들을 모두 꺼낸 후 버릴 것과 남길 것을 정한다. 모두 꺼내는 이유는 자신이 보유한 물건이 필요 이상 얼마나 많은지 실감할 수 있기 때문이다. 이를테면 '책' 하고 카테고리를 정하면 내가 안 읽은 책 중에 앞으로도 안 읽을 책, 읽은 책 중 다시 안 읽을 책 등 자신만의 기준으로 책을 나누고 과감하게 버린다.

중요한 점은 '설레지 않으면 모두 버리는 것'이다. 사물과 모종의 대화를 시도해 나를 설레게 하는 것인지 판단하고 내 곁에 둘지 말지를 결정한다. 버릴 물건에게는 그동안 고마웠다는 인사도 잊지 않는다.

어릴 적에 살던 응암동 집 장독대에 서면 저녁마다 난지도 쓰레기 태우는 냄새가 몰려왔다. 어린 나는 그것을 '저녁의 냄새'로 여겼다. 서울 시내의 거의 모든 쓰레기가 난지도로 모이던 시절, 저녁노을 속에 몰려오는 연기의 냄새를 맡으며 가끔 내가 버린 것들을 생각했던 것 같다. 살면서 너무나 많은 물건을 사용하고 버려왔다. 물건이 쌓이는 속도는 대부분 버리는 속도를 넘어선다. 냉정히 생각해보면 한 인간에게 필요한 물건은 많지 않다. 성철 스님이나 간디 같은 위인들의 극단적인 무소유 정신까지 닮을 필요는 없겠으나 우리는 너무 많은 물건과 함께 살아간다. 잠깐의 각성이지만 매주 분리수거에서 버려지는 포장재와 쓰레기들을 보며 자연에게 큰 벌을 받겠구나, 아니 이미 벌을 받고 있구나 하는 죄책감을 느낀다.

물건에는 사용한 사람의 기운이 깃든다고 믿는다. 좋은 사람이 사용한 물건에는 선한 기운이 서릴 것이고 나쁜 사람이 쓴 물건에는 나쁜 기운이 담길 것이다. 물건에 사람의 기운이 깃

든다는 사실은 눈에 보이지 않으며 증명되지 않은 가설일 뿐이지만 그 사람이 발산하는 고유한 파동은 물건의 작은 입자마다 아로새겨진다고 믿는다.

나의 가설이 맞다면 물건에도 마음이 생겨날 것이다. 물건 자체가 가지고 있는 물성에 인간의 마음이 더해져 사물은 다시 태어나게 될 것이다. 깊은 산속에 사람 얼굴 모양의 돌이 있다고 하자. 천년 전 누군가 돌이 부처를 닮았다며 짧은 기원을 남기고 갔다고 생각해보자. 그리고 지나가던 누군가가 한 번씩 돌 위에 돌을 올리고 기도할 때 사람들의 기원은 이 돌을 안테나 삼아 하늘에 전해졌을지도 모른다. 천년 여를 지나는 긴 시간 동안 돌에는 신성神性 같은 것이 생겨나지 않았을까.

물건은 사용하는 동안 나와 보이지 않는 끈으로 이어진다. 나는 필요할 때마다 물건의 위치를 떠올려야 한다. 잃어버리거나 고장날까 봐 걱정하기도 한다. 지나치게 많은 물건과의 연결은 우리를 피로하게 만든다. 과도한 인맥이 우리를 피곤하게 만드는 것과 같다. 가끔이라도 연락해서 관계를 유지해야 하는 건 여간 피곤한 일이 아니다. 물건과의 관계도 그렇다. 관리가 필요하다. 사물과 나의 인연의 끈을 과감히 끊어내는 것만으로도 마음은 가벼워지고 삶의 본질에 집중할 수 있으리라. 그런 의미에서 주기적으로 과감하게 정리하는 일은 중요하다.

미뤄두었던 CD장 정리를 하기로 했다. 대학 때는 친구 명환이와 CD 모으기 경쟁을 벌였다. 그 결과 천 장이 넘는 음반이 벽 한쪽에서 위엄을 뽐내었다. 그러나 지금은 어떤 시대인가 음질의 열화가 있다지만 매월 만 원이면 '스포티파이'나 '멜론' 같은 음원 서비스 앱을 열어 간편하게, 세상의 거의 모든 음악을 들을 수 있다. 장소에도 구애받지 않는다.

한때 내 방에서 맹위를 떨친 진공관 앰프와 CD 플레이어는 장식용으로 거실에 잠들어 있다. 과연 앞으로 CD를 이용해 음악을 들을지 자문했다. CD 대신 삼성전자 주식을 사 모았다면 어땠을까 하는 억지 생각도 들었다. 억지에서 비롯된 이상한 박탈감은 CD들이 미워 보이게 만드는 지경에 이르렀고, 나는 결심했다. 독하게 솎아내자.

남길 것을 생각했다. 일단 기타리스트 팻 메스니 음반은 전집으로 모은 것이니 빼고, 하나음악 레이블의 음반들은 희귀 음반이 되었으니 버릴 수 없고, 동아기획 음반들도 마찬가지. 윈드햄 힐Windham Hill 음반사 CD들도 절판이니 패스. 클래식 음반의 경우 내가 클래식 음악프로그램 진행자인데 어찌 버릴 수 있겠는가. 또 패스! 축구도 아닌데 패스의 연속이었다. 패스만 이어가니 결국 골을 넣지 못하는 어시스트 왕처럼 한 장 한 장 손끝으로 짚어가며 CD장의 끝에 이르렀을 때 겨우 10여 장의 CD만이 손에 들려 있었다. 그중에는 공CD도 있었다. 오히려 뜻밖의 추억 여행으로 한동안 무덤덤히 바라보던 음반들은 애정의 원천이 되어 벽 한쪽을 환히 빛내고 있었다.

이런, 왜 나는 버림에 과감해질 수 없는 것일까. 곤도 마리에에게 손바닥 맞을 일이다. 나는 CD 한 장마다 버리면 안 될 이유를 달고 있었다. 어떤 이유일까? 그것 없이도 나는 지장 없이 살아간다. 그런데도 버릴 수 없었던 까닭은 다른 것으로 이것을 대체할 수 있는가의 문제였다. 예전에는 용돈을 모아 벼르고 별러 CD 한 장을 샀다. 플라스틱 케이스에 흠이 나지 않게 조심스레 비닐 포장을 풀면 음반에 대한 기대감으로 가슴이 설렜다. 상상력을 자극하는 재킷의 이미지들, 연주자의 사진과 가사가 수록된 속지 특유의 정서를 디지털 데이터가 대신할 수는 없다.

나의 CD들은 단순히 음악을 담은 물건이 아니다. 한 시절의 마음과 기억을 켜는 버튼 같은 것이다. CD들을 버린다는 것은 추억에 장례를 치르는 일이 될 것 같았다. 곤도 마리에 씨에게 말하고 싶다.

"이것들 다 설레는데 어쩌죠? 스미마셍すみません, 곤도 마리에 상."

뮤지엄
나이트

사람 없는 곳은 늘 편안하고 좋다. 인간이 생존의 터전인 사회 속에서 치열하게 살아갈 때 본능적으로 갖는 경계심과 경쟁심을 잠시나마 잊을 수 있기 때문이다. 천장이 높고 드넓은 장소라면 더욱 좋다. 시야가 넓어지면 마음도 열린다. 가까운 벽에 시선이 막히고 마는 환경 속에 늘상 살아가는 우리다. 박물관은 눈이 시원하게 트이는 공간 안에서 안락해지는 희귀한 경험을 선사한다. 꼭 무엇을 보러 가지 않아도 매력적인 공간이다. 평일의 한적한 시간을 이용해 자주 박물관에 간다.

박물관 관람은 잠시 불어오는 옛 시간의 기운을 느껴보는 일이다. 큰 공간을 울리는 소리도 맑고, 적절한 기온과 습도로 공기도 쾌적하며, 곳곳에 놓인 긴 의자들은 쉼을 느끼게 한다. 긴 의자 하나에 앉아본다. 너른 공간에 고요가 숨쉰다. 구체적으로 실감나는 고요, 공간에 잘 배어드는 백색 소음 같은 고요, 새벽의 이명처럼 오는 고요, 작은 소음과 함께하는 고요… 하지만 고요는 원래 무음이 아니다. 고요는 소리의 문제가 아니다. 분위기다.

하나의 유물을 오래 들여다보면 유물에 고인 시간을 감각할 수 있다. 찬물에 흘러드는 뜨거운 물처럼 지금의 시간이 옛날로 천천히 스며드는 것을 느낄 수 있다. 아인슈타인이 일반상대성 이론에서 말한 '중력렌즈 효과'처럼 어쩌면 유물은 자신이 존재했던 시간에서 굴절되어 착시처럼 그곳에 있는 것일지도 모른다. 한자리에서 오랫동안 시간을 머금은 유물들은 유리벽 안에서 빛난다. 옛날은 그 자리에 고스란하다. 오래된 물건에서는 시간의 냄새가 난다. 시간은 공간을 포함한다. 블랙홀 주위의 시공간을 휘게 만드는 것처럼 유물들은 나를 둘러싼 시간과 공간을 강력히 끌어당긴다.

시간의 냄새를 맡으러 사람들은 박물관에 가는 게 아닐까. 박물들의 냄새, 각각의 시간을 품고 있는 유물들의 고유한 냄새들이 뒤섞인다. 거기에 침향沈香 냄새와 비 오는 날의 흙냄새와 햇볕 냄새가 어우러진다. 책의 냄새를 재현한 향수가 있다

시간의 냄새를 맡으러 사람들은 박물관에
가는지도 모른다. 박물들의 냄새,
각각의 시간을 품고 있는 유물들의 고유한 냄새들.

는데, 박물관 냄새가 나는 향수도 있다면 좋겠다.

 가장 좋아하는 박물관은 '서울역사박물관'이다. 본적이 종로구 연건동인 서울 토박이라는 이유도 있겠지만, 경희궁 끝자락에 자리 잡은 이곳은 내가 사는 서울에 대해 거의 모든 것을 알려준다. 기획전시도 알차고, 도서관에는 다양한 자료들이 있다. 내 나라의 수도가 어떤 역사와 사연을 지닌 곳인지 한눈에 개괄할 수 있다.
 어릴 적에는 여행지에서 의무적으로 박물관에 들렀지만 이제는 어디를 가든 가능하면 꼭 시간을 내어 찾아간다. 하나의 도시를 시간의 축으로 길게 늘여볼 수 있다. 여행지를 입체적으로 느낄 수 있다.

 박물관에 숨어들어 얼마간 시간을 보내고 난 뒤 밖으로 나올 때 맞는 햇살이 좋다. 잘 모르는 이의 장례식장에 잠시 부의금만 주고 빠져나오는 듯한 묘한 기분이다.

   ※ 수요일과 토요일에 국립박물관은 9시까지 문을 열어둔다.
    밤의 박물관으로.

당신의
밤과 음악

 스튜디오는 고요하다. 흡음과 차음의 벽으로 둘러싸여 있다. 모든 소리를 닫은 순정한 고요 속에서 새롭게 소리는 시작된다. 붉은 불이 켜지고, 기다리고 있었다는 DJ의 오프닝이 마이크의 떨림판을 울린다. 말은 전파로 변조되고 전파는 밤의 공중으로 나아간다. 손끝으로 조심스레 주파수를 맞추는 누군가의 라디오에, 야근에 시달리는 직장인의 이어폰에, 학원을 마친 지친 학생의 스마트폰에, 밤을 달리는 차 안에 말과 음악은 도착한다.

 각자의 자리에서, 미량의 고독 속에서, 청취자는 지나온 하루를 돌아보며 음악에 귀를 기울인다. 쉬운 하루란 없으며, 오늘은 누구에게나 처음이어서 긴장의 찌꺼기로 아쉬움과 피로가 남는다. 청취자는 음악을 귀에 흘려 넣고 하루치 마음을 해독한다. 음악의 갈피 사이에 끼워둔 추억을 꺼내거나 새로운 기억을 끼워 넣으면서.

작곡가는 자신의 영혼을 음악으로 치환하는 사람이다. 음악은 작곡가의 감정과 만들어진 당시의 기운을 고스란히 간직하며, 그 에너지는 연주자를 통해 후대로 전달된다. 녹음된 음악에는 작곡가로부터 물려받은 공간과 시간의 감정이 정밀히 기록된다. 음악을 듣는다는 것은 단지 소리를 듣기만 하는 일이 아니다. 과거로부터 흘러온 누대의 누적된 에너지를 고스란히 받는 일이다.

때로는 죽은 이가 작곡한 음악을 죽은 이의 연주로 듣는다. 박제된 음악은 시간이 흘러도 죽지 않고 재생된다. 작곡가도 연주자도 이 세상에 없지만 그들의 에너지는 음반에 기록되어 영원히 사라지지 않는다. 음악은 현재에 있다. 과거의 음악도 미래의 음악도 당신의 현재라는 시간축을 통과할 때 의미가 생긴다. 하이데거식으로 말하자면, 음악은 지금 여기 실존하는 현존재Dasein의 마음을 악기 삼아 갱생하고 작동한다. 한 인간이 가지고 있는 스키마schema를 통해 음악은 새로운 의미로 확장되고 생명을 연장하는 것이다. 음악의 이름과 조성과 악장부호나 작품번호 같은 건 몰라도 된다. 이데아Idea의 복제Mimesis

로서 음악은 내용 없는 아름다움이다. 작곡가와 연주자로부터 누적된 과거의 에너지들은 현재라는 시간을 통과해 새로운 음악으로 갱신되어 지금의 우리를 위무한다. 그것으로 충분하다.

한때, 나의 말이 0의 감정에 수렴하는 무엇이기를 원했다. 목소리는 단지 음악을 거드는 도구이기를 바랐다. 매번 실패하고 마는 그 일이 진행자의 이상적 윤리라 생각한 적 있다. 음악과 말이 잇닿은 곳에 에너지의 손실이 없었으면 했다. 듣는 이의 귓속에서 음악이 음악 스스로 이야기를 건네기를 바랐다. 나의 목소리는 무게가 없기를 바랐다. 휘발되기를 바랐다. 진행자를 인식하지 않고 청취자가 음악의 몽환 속으로 빨려 들어가길 바랐다. 음악이 도착한 곳에 나는 없기를 바랐다. 음악 프로그램의 주인공은 음악이므로.

가끔, 하나인 동시에 수많은 '당신'들을 생각한다. 당신과 나 사이에는 매일 음악이 흐른다. 스피커와 마이크 사이가 나와 당신의 거리이며 우리는 일대일로 만난다. 전파의 갈래 속에서 여럿으로 분화된 진행자는 각자 자리에 있는 청취자에게 동시에 그러나 한 사람으로 찾아간다. 진행자는 말하고 청취자는 듣는다. 둘은 이야기를 나눌 수 없지만 옆자리에 앉아 같은 곳을 바라보는 사람처럼 두 시간 함께 음악을 듣기 위해 존재한다. 그 둘 사이에는 적당한 간격이 필요하다. 우리에겐 공평하

어떤 음악은, 말 한마디는
누군가의 영혼에
깊이 녹아 잘 지내고 있으리라 믿는다.

게 나눌 음악이 필요할 뿐이다. 음악만이 필요하다면 스피커와 마이크 사이가 우리의 최적화된 거리다. 우리 사이에는 매일 새로운 음악이 흐른다. 그뿐이다.

가끔 라디오에 애착했던 어린 날을 떠올린다. 그때는 가늠할 수 없었던 먼 시간의 내가 라디오 진행자가 되어 2023년의 봄에 도착해 그때를 떠올린다. 라디오를 켜놓고 잠들던 시절이 있었다. 꿈속에 섞인 라디오 진행자의 목소리와 음악과 계절의 냄새가 잠에 틈입해 몽환적인 꿈을 만들어내던 그때의 나는 신실한 라디오 청취자였다. 지난한 삶의 구원 같기도 했던 몇 개의 음악 프로그램들을 생각한다. 가끔 그 시절의 나 같은 누군가도 있겠지 하며 얼굴 모를 이들을 떠올려보기도 하는 것이다.「음악 풍경」을 진행할 때였다. 죽고 싶은 마음에, 집 앞에 차를 세우고 깊이 슬퍼하던 때 나의 목소리가, 음악이 구원이었다고 사연을 남겼던 청취자가 있었다. 여전히 마이크 앞에 앉게 되는 이유다. 라디오는, 음악은 힘이 세다.

오늘도 전파를 타고 음악과 목소리는 멀리 여행한다. 울림들은 사라져 무엇이 되었을까. 이내 사라진 나의 말들은, 음악은 당신의 귀를 타고 마음에 스며들어 무엇이 되었을까. 40년이라는 긴 시간 공중으로 사라진 진행자들의 말과 음악들은 모두 무엇이 되어 있을까? 에너지는 갑자기 생겨나거나 사라지지 않는다는 열역학 제1법칙을 생각해본다면 작곡가의 마음과 연주자의 감성과 음악과 말과 침묵들은 다른 형태로 환치되어 사라지지 않았을 것이다. 어떤 음악은, 말 한마디는 누군가의 영혼에 깊이 녹아 잘 지내고 있으리라 믿는다.

 오늘도, 유일하며 무수한 당신들은 모닥불에 모여 손을 쬐는 사람처럼 두 시간 음악에 둘러앉아 각자의 고독 속에서 마음을 녹인다. 음악은 납물처럼 각기 다른 당신들의 마음자리에 맞춤으로 흘러들고, 0시가 오면 내일이라는 새로운 오늘을 맞이할 것이다. 오늘도 깊이 바란다. 당신과 나 사이에 음악이 흐르기를.

나가며 　　　　　　나를 나와
　　　　　　　　　　　놀게 하자

　우리는 쉬는 법을 잘 모른다. 어쩌다 사나흘 연휴가 주어지면 어쩔 줄 몰라 한다. 이렇게 아무것도 안 하고 있어도 되는 것일까. 스마트폰을 분실한 사람처럼 불안해하며 자기계발서나 몇 장 읽고 졸다가 저녁을 맞는다. 우리는 어떤 것이 좋은 쉼인지 잘 모른다. 배운 적이 없어서이기도 하고 배워야 아는 것이 아니라고 생각해왔기 때문이다. 노는 것도 쉬는 것도 아닌 상태로 시간만 흘려보낸다.

　"우리는 자기 생각대로 살아야 한다. 그렇지 않으면, 우리는 살아온 방식으로 생각하게 된다." 프랑스의 소설가 폴 부르제가 『정오의 악마』 에필로그에 쓴 유명한 말이다. 이 문장의 형식을 빌려 쓰자면, 우리는 쉬기 위해 일해야 한다. 그렇지 않으면 일하기 위해 쉬게 될 것이다. 놀이가 휴식의 일부가 되고 휴식이 일을 위한 충전의 개념으로 인식되면서 우리는 노는 법, 쉬는 법에 대한 감각을 점점 잃어가고 있다.

솔직히 말해보자. 자신의 직업에서 자아실현을 하고 성취감을 얻는 이가 몇이나 될까? 밥벌이를 하며 동시에 꿈을 실현하는 이가 얼마나 있을까? 나의 경우 하고 싶은 일 하면서 돈 벌어 좋겠다는 이야기를 자주 듣지만, 화려해 보이는 이 일의 이면은 다르다. 그렇다면 회사 밖에서 외연을 확장하고 자아실현을 꿈꾸어야 할 텐데, 일 년에 열흘 남짓인 휴가도 마음 편히 못 쓰는 것이 직장인 대부분이 처한 현실이다. 좀 길게 쉬고 싶다는 생각은 출근부터 퇴근까지 머리 위에 말풍선처럼 떠 있다.

우리는 언제나 나의 가치를 높이고, 스스로를 사회적으로 성공시키는 방향으로 걸어왔다. 이 사회가 우리를 그렇게 설계했다. 삶은 게임이 아닌데 미션의 나날이 이어진다. 입시를 거쳐 대학에 들어가고 취업하고 결혼하고 승진을 해도 새로운 관문들은 언제나 벽처럼 서서 물러날 줄 모른다. 관문關門은 문일 뿐인데 어쩐지 통과를 목적으로 만들어진 것 같지 않다. 예로부터 인류의 사회제도가 상정한 '좋은 삶'이라는 가이드를 따라서 우리는 스스로를 이끌어왔지만, 행복감은 턱없이 부족하다. 혼자 있고 싶어진다.

하지만 혼자는 불안하다. 그 이유는 무엇을 해야 할지 잘 모르겠고 이로 인해 심리적 압박을 느끼기 때문일 것이다. 알랭 드 보통이 『불안』에서 언급한 것처럼, 대개 애정 결핍이나 사회적 상승 욕구 때문에 불안해진다고 생각하지만, 요즘의 불안은 새로 발명된 것 같다. 이유도 대상도 모호하다. 불안은 무의식의 바닥에 사는 심해어 같다. 모양을 짐작할 수 없다. 불안의 입장에서 본다면 히트상품 같은 것이 아닐까.

지난하고 지겨운 삶을 이겨내기 위해서는, 혼자 있어도 불안을 느끼지 않기 위해서는, '개인 문화'를 만들어야 한다. 시인은 자신의 시로 하나의 장르가 된다. 10명의 시인이 있다면 10개의 시 장르가 존재하는 셈이다. 각자 독보적인 시인들처럼 개인의 전문가가 되어 독창적인 '자기'를 갖추어야 한다. 혼자 있을 때 불안하지 않은 사람도 무얼 할지 막막할 때가 생각보다 많다. 스스로 무엇을 좋아하는지 정확히 모르기 때문일 것이다. 남들에게 좋아 보이는 일 말고 내가 진짜 좋아하는 것이 무엇일까.

인간은 심심하다深心何多. 풀어보면 '가라앉는 마음 어찌 이리도 많은가?' 『논어』에 나오는 말은 아니고, 심심해서 내가 지어본 말이다. 어릴 적에는 심심하면 그냥 놀면 되었는데 이젠 노는 것도 마음의 준비가 필요하다. 놀고 싶은 마음이 생활의 분주함 속으로 잠겨버리는 일이 많다. 우리는 노는 것 쉬는 것에 대한 이상한 죄책감이 있다. 스파이웨어 프로그램처럼 우리 마음에 자리 잡은 이상한 죄책감을 덜어낼 이야기를 가져왔다.

하위징아 말이다. 그는 『호모 루덴스』에서 학문 대부분의 근원을 '놀이 정신'에서 찾았으며, 놀이를 이렇게 정의했다. "놀이란 일정한 시간과 공간의 한계 속에서 자유롭게 동의한 그러나 완전히 구속력이 있는 규칙에 따라 행해지며 그 자체에 목적이 있고, 긴장과 즐거움의 감정, 아울러 '일상생활과 다르다는' 의식을 동반하는 자발적인 행위나 활동이다." 저명한 문화사가의 말이니 일단 믿어보자. 놀이는 '그 자체에 목적이 있다'라는 문장이 눈에 띈다. 그렇다, 행위 자체가 목적이라면 죄책감 같은 건 가질 필요가 없다.

노는 데 꼭 누구와 함께할 필요는 없다. 나와 가장 친한 사람은 나다. 나와 놀면 된다. 인간은 여러 개의 자아를 갖고 있다. 지금 이 글을 쓰는 나와 아나운서인 나와 시를 쓰는 나는 다른 사람이다. 그들끼리 놀게 하자. 지나친 인맥 넓히기 만남만 줄여도 삶에 여유가 생길 것이다. 때를 놓치지 않고 열심히 놀아야 한다. 우리는 누구나 죽고, 재미없는 인생에는 가속도가 붙는다. 누구나 무리에서 소외되고 이탈하는 데 불안을 느끼지만, 혼자 속에서 우리는 진정한 자신을 마주할 수 있다. 오스트리아의 철학자 토마스 마초는 「자신과 더불어 있는 혼자Mit sich allein」라는 고독의 기술에 대해 논한 글에서 이렇게 썼다. "외로움 속에서는 자기 혼자 덩그러니 있는 것인 반면, 고독 속에서는 자기 자신과 더불어 있는 것이다"라고. 자아 수집가(?) 페르난두 페소아처럼 수많은 이명異名의 자아를 데리고 살 수는 없겠지만, 때로 자신을 다원화하는 것이 나를 알아가는 현명한 방법이 될 것이다.

"고독하지만 자유롭게Frei aber Einsam." 바이올린 연주자 요제프 요아힘의 좌우명이다. 브람스, 슈만, 디트리히가 공동작곡한 동명의 바이올린 소나타도 있다. 문신을 한다면 엉덩이 옆에 예쁘게 새기고 싶은 말이다. 『월든』을 쓴 은둔의 왕 소로도 삶의 목표가 고독 속에서 자유를 발견하는 것이었다. 하루 중 몇 시간 또는 단 십 분이라도 소로처럼 고독에 나를 밀어두고 살아본다면 어떨까. 외로운 인생, 즐겁게 혼자와 놀면서 시계의 틀 안에서 돌아가는 시간을 길게 늘려놓고, 시간의 옆모습을 느긋하게 바라보는 일상을 만들면 어떨까. 엄습하는 고독을 즐겨보자. 고독이 우리를 치유한다. 이 책은 내가 고독 속에서 혼자 했던 놀이와 여행의 진료 기록(?)이다. 조금은 철없고 사적인 이야기 속에서 혼자 노는 법에 대한 작은 아이디어를 얻는다면 기쁘겠다.

나에겐
가까운
바다가 있다

1판 1쇄 발행일 2023년 4월 25일
1판 2쇄 발행일 2024년 3월 20일

지은이 이상협
펴낸이 박희진

펴낸곳 이른비
등록 제2020-000136호
주소 경기도 고양시 덕양구 행신로 143번길 26, 1층
전화 031-979-2996
이메일 ireunbibooks@naver.com
페이스북 facebook.com/ireunbibooks
인스타그램 @ireunbibooks

편집 안신영 **디자인** 디자인 〈비읍〉

글·사진 ⓒ 이상협, 2023
ISBN 979-11-982850-0-3 03800

책값은 뒤표지에 있습니다.
파본은 구입하신 서점에서 바꾸어드립니다.
무단 전재와 복제를 금합니다.

이른비 씨 뿌리는 시기에 내리는 비를 말하며, 마른 땅을 적시는 비처럼
인간의 정신과 마음을 풍요롭게 하는 책을 만듭니다.

이 책의 본문은 '을유1945' 서체를 사용했습니다.